FUNDAMENTOS DE MARKETING DE RELACIONAMENTO

O GEN | Grupo Editorial Nacional – maior plataforma editorial brasileira no segmento científico, técnico e profissional – publica conteúdos nas áreas de ciências sociais aplicadas, exatas, humanas, jurídicas e da saúde, além de prover serviços direcionados à educação continuada e à preparação para concursos.

As editoras que integram o GEN, das mais respeitadas no mercado editorial, construíram catálogos inigualáveis, com obras decisivas para a formação acadêmica e o aperfeiçoamento de várias gerações de profissionais e estudantes, tendo se tornado sinônimo de qualidade e seriedade.

A missão do GEN e dos núcleos de conteúdo que o compõem é prover a melhor informação científica e distribuí-la de maneira flexível e conveniente, a preços justos, gerando benefícios e servindo a autores, docentes, livreiros, funcionários, colaboradores e acionistas.

Nosso comportamento ético incondicional e nossa responsabilidade social e ambiental são reforçados pela natureza educacional de nossa atividade e dão sustentabilidade ao crescimento contínuo e à rentabilidade do grupo.

LUIZ CLAUDIO ZENONE

FUNDAMENTOS DE MARKETING DE RELACIONAMENTO

FIDELIZAÇÃO DE CLIENTES E PÓS-VENDA

2ª edição

gen | atlas

O autor e a editora empenharam-se para citar adequadamente e dar o devido crédito a todos os detentores dos direitos autorais de qualquer material utilizado neste livro, dispondo-se a possíveis acertos caso, inadvertidamente, a identificação de algum deles tenha sido omitida.

Não é responsabilidade da editora nem do autor a ocorrência de eventuais perdas ou danos a pessoas ou bens que tenham origem no uso desta publicação.

Apesar dos melhores esforços do autor, do editor e dos revisores, é inevitável que surjam erros no texto. Assim, são bem-vindas as comunicações de usuários sobre correções ou sugestões referentes ao conteúdo ou ao nível pedagógico que auxiliem o aprimoramento de edições futuras. Os comentários dos leitores podem ser encaminhados à **Editora Atlas Ltda.** pelo e-mail editorialcsa@grupogen.com.br.

Direitos exclusivos para a língua portuguesa
Copyright © 2017 by
Editora Atlas Ltda.
Uma editora integrante do GEN | Grupo Editorial Nacional

A primeira edição trazia o título *Marketing de relacionamento*

Reservados todos os direitos. É proibida a duplicação ou reprodução deste volume, no todo ou em parte, sob quaisquer formas ou por quaisquer meios (eletrônico, mecânico, gravação, fotocópia, distribuição na internet ou outros), sem permissão expressa da editora.

Rua Conselheiro Nébias, 1384
Campos Elísios, São Paulo, SP – CEP 01203-904
Tels.: 21-3543-0770/11-5080-0770
editorialcsa@grupogen.com.br
www.grupogen.com.br

Designer de capa: Caio Cardoso
Imagens da capa: bob_bosewell | iStockphoto
              phototechno | iStockphoto
Editoração Eletrônica: Bianca Galante

CIP-BRASIL. CATALOGAÇÃO NA PUBLICAÇÃO
SINDICATO NACIONAL DOS EDITORES DE LIVROS, RJ

Z56f
2. ed.

Zenone, Luiz Claudio
    Fundamentos de marketing de relacionamento : fidelização de clientes e pós-venda / Luiz Claudio Zenone. - 2. ed. - São Paulo : Atlas, 2017.

    Inclui bibliografia e índice
    ISBN 978-85-97-01304-7

    1. Marketing de relacionamento. I. Título.

17-43637   CDD:658.812
                                 CDU: 658.814

A todos os que colaboraram para que esta obra chegasse a seu término, em especial a minha esposa e a meus filhos pelo apoio constante em minhas realizações.

Atenda as pessoas de todo o coração, como se estivesse atendendo a Deus, e Deus vai recompensá-lo por todo o bem que você fizer a essas pessoas.
(Apóstolo Paulo)

Sumário

Prefácio, xi

Introdução, 1

Capítulo 1 Gestão do atendimento e relacionamento, 9
    1.1 Do apoio às vendas à gestão do atendimento e relacionamento, 17
    1.2 Dois movimentos básicos: conhecer o cliente e atendê-lo adequadamente, 22
    1.3 Filosofia básica do atendimento e relacionamento: respeito e ética, 34
    1.4 Processos organizacionais orientados para o mercado, 38
    1.5 Qualidade no atendimento e relacionamento ao cliente, 48
    Estudo de Caso – Será que a melancia do Sidnei é mais gostosa?, 51
    Resumo do capítulo, 52
    Atividade sugerida para o desenvolvimento pessoal e profissional, 53

Capítulo 2 Marketing de relacionamento e seus princípios básicos, 55
    2.1 *Database* marketing: o "coração" do marketing de relacionamento, 59
    2.2 Tipos de atendimentos e relacionamentos, 66
    2.3 Implantação do marketing de relacionamento, 68
    2.4 Conceito de *Customer Relationship Management* (CRM) e sua aplicabilidade na estratégia de relacionamento com o cliente, 70
        2.4.1 O *Customer Relationship Management* (CRM) e sua relação com a Tecnologia da Informação, 75
        2.4.2 A arquitetura da solução, 79
        2.4.3 O processo de implantação do CRM, 81
    Estudo de Caso – Moço, um minuto de sua atenção!, 84
    Resumo do capítulo, 86
    Atividade sugerida para o desenvolvimento pessoal e profissional, 87

Capítulo 3 *Call center* e *contact center* como canais de relacionamento, 89
    3.1 A evolução do SAC ao *contact center*, 93
    3.2 As funções estratégicas do *contact center*, 97
    3.3 A tecnologia do *contact center*, 99

3.4 O caminho para a excelência no atendimento, 100
3.5 O papel da Ouvidoria/*ombudsman* para as atividades de pós-atendimento, 105
Estudo de Caso – Pequenos gestos e atitudes no atendimento podem gerar grandes resultados, 107
Resumo do capítulo, 109
Atividade sugerida para o desenvolvimento pessoal e profissional, 109

Capítulo 4 A importância operacional e estratégica da linha de frente ou pontos de contato (*front office*), 111
4.1 O papel do *call center* (telemarketing), 112
4.2 O papel da internet (WEB), 119
    4.2.1 A comunicação na internet, 121
    4.2.2 O uso do e-mail para as ações de marketing e atendimento, 123
    4.2.3 O relacionamento através das redes sociais virtuais, 128
4.3 *Mobile* marketing ou marketing móvel, 137
Estudo de Caso – Teleconfusão: cuidado com o que e para quem se oferece!, 140
Resumo do capítulo, 142
Atividade sugerida para o desenvolvimento pessoal e profissional, 143

Bibliografia, 145
Índice Remissivo, 149

Prefácio

Mesmo com todos os avanços tecnológicos atualmente disponíveis e acessíveis à maioria das empresas e com maior consciência dos gestores quanto à importância dos atos de entender e atender ao cliente, percebemos que velhos hábitos, como o de "empurrar produtos", e a preocupação de apenas efetivar uma venda ainda estão muito presentes no cotidiano dos mercados.

Nos últimos anos, venho me dedicando a pesquisar práticas de marketing éticas, responsáveis e inteligentes, bem como a conscientizar e a estimular as empresas para melhorar a competitividade nos mercados em que atuam ou desejam atuar. Este livro começa apresentando o cenário mercadológico atual e a importância que é dada ao relacionamento com o mercado e ao atendimento ao cliente. As constantes mudanças nos ambientes social, político, econômico e especialmente no tecnológico, além do acirramento da concorrência, têm influenciado diretamente o comportamento do consumidor, tornando-o mais exigente e seletivo.

A realidade atual é de produtos e serviços lançados em um ritmo jamais visto, promoções e ações de comunicação desenvolvidas de forma cada vez mais criativa para "bombardear" o mercado com informações através de mídias de massa e digitais (internet), novas formas de distribuição e comercialização, marcas segmentadas para atender a todo tipo de público, entre outras mudanças mercadológicas que indicam alta taxa de competitividade. É nesse cenário que as empresas precisam buscar constantemente a diferenciação, a segmentação e o posicionamento correto. Conhecer o cliente e oferecer um valor agregado superior ao apresentado pelos concorrentes são fatores decisivos para a competitividade imposta nos mercados atuais.

Para chegar a esse estágio de desenvolvimento, ou seja, para ser competitivo nos mercados em que atuam, as empresas precisam entender a importância de investir no atendimento ao cliente e de melhorar o relacionamento com o mercado a partir de ações adequadamente direcionadas aos diversos públicos de seu interesse.

Com os avanços na área de tecnologia aplicados ao atendimento ao cliente, os processos organizacionais orientados para atender aos desejos e às necessidades desse consumidor e uma equipe de profissionais motivados, treinados e capacitados para colocar em prática as ações de relacionamento previstas na estratégia de marketing são o caminho para conquistar o tão sonhado diferencial competitivo. Esse é o "espírito" desta obra, organizada em quatro capítulos, partindo de uma visão estratégica e indo até uma visão operacional.

No **Capítulo 1**, apresentamos o conceito de atendimento e gestão do relacionamento com o cliente (CRM)[1] a partir de uma visão ampliada, considerando que todo o processo deve levar à satisfação do cliente. O consumidor deve ser o centro das atenções da empresa, que, para isso, deve estar preparada para o "contato", seja para efetivar uma venda, seja para responder a alguma dúvida ou questionamento, seja para apresentar algum serviço adicional que possa agregar valor ao relacionamento ou simplesmente para ativar uma ação promocional prevista na estratégia de comunicação. A premissa deste capítulo é mostrar os dois movimentos necessários para um atendimento eficiente e eficaz, que são conhecer e atender ao cliente e sensibilizar-se para a filosofia básica que se deve ter ao relacionar-se com o mercado, que envolve respeito e ética.

Os princípios básicos para a prática do marketing de relacionamento são desenvolvidos no **Capítulo 2**. O enfoque no marketing de relacionamento deu origem a uma série de propostas de pesquisadores e estudiosos sobre o tema. Por isso, na parte inicial deste capítulo, a ideia é apresentar um arcabouço teórico a esse respeito com base em alguns autores que são excelentes referências, a fim de formar o conceito que se pretende nesta obra. Nele, também são apresentados o conceito de *database* marketing, que é fundamental para o desenvolvimento de ações de relacionamento, bem como as etapas para implantação dessa ferramenta nas empresas e o conceito de CRM dos pontos de vista estratégico e operacional.

Associados a uma estratégia de relacionamento adequada, o *call center* e o *contact center* são importantes aliados no processo de atendimento, assumindo diversas funções estratégicas. A evolução dos serviços de atendimento ao cliente e as funções básicas do *call center* e do *contact center* são, portanto, tratadas no **Capítulo 3**, em que também é apresentada uma visão tecnológica sobre a ferramenta.

---

[1] Do inglês *Customer Relationship Management*.

No **Capítulo 4**, são apresentadas as principais ferramentas utilizadas no *front office* (linha de frente ou pontos de contato), entre elas o telemarketing, a internet (incluindo o e-mail e as redes sociais) e o *mobile* marketing, além da forma como podem ser utilizadas no atendimento ao mercado, suas possibilidades estratégicas e desafios operacionais.

O objetivo desta obra é levar o leitor a fazer uma reflexão sobre as diversas áreas do conhecimento. Ela é destinada a pesquisadores, profissionais que atuam em mercados competitivos e até mesmo a interessados no marketing de relacionamento no que diz respeito aos desafios necessários para mudar o foco das ações organizacionais do "produto/serviço" para o "cliente".

Ao final de cada capítulo, apresento uma "historinha" pessoal que ilustra o tema abordado e demonstra minha linha de pensamento sobre as questões relacionadas. Vale a pena ler com atenção e refletir sobre elas. Caso goste dessas "historinhas" – que chamo de "minicasos" –, você poderá enviar suas opiniões ou situações vivenciadas no seu dia a dia que demonstrem a prática dos conceitos desenvolvidos nos capítulos. Envie para meu e-mail <zenone.luiz@hotmail.com> com o título (assunto) "Casos de Atendimento e Relacionamento".

Também ao final de cada capítulo, além de encontrar um breve resumo contendo a proposta básica apresentada, o leitor poderá exercitar seu raciocínio a partir de uma atividade sugerida. O objetivo dessa atividade não é determinar o que é certo ou errado, mas apenas servir de reflexão e de exercício mental para o desenvolvimento pessoal e/ou profissional do leitor. Trata-se de exercícios que costumo propor a meus alunos para gerar um debate em sala de aula e extrair desse momento conceitos valiosos sobre os temas propostos.

As críticas, observações e contribuições que, sem dúvida, surgirão ao longo da leitura deste livro serão incorporadas em edições futuras, o que me permitirá desenvolver um processo de pesquisa e melhoria contínua desta obra.

Luiz Claudio Zenone

Introdução

O CENÁRIO MERCADOLÓGICO EM CONSTANTES ALTERAÇÕES E A IMPORTÂNCIA DO ATENDIMENTO E DO RELACIONAMENTO COMO DIFERENCIAIS COMPETITIVOS PARA AS EMPRESAS

O significado da palavra *competição* se altera e se renova na medida em que mudanças socioculturais, políticas e legais, econômicas, demográficas, geográficas, entre outras, impactam no ambiente mercadológico e atingem diretamente (e, muitas vezes, indiretamente) as estratégias de marketing adotadas pelas empresas. Esse fato demonstra que, como a disputa nos mercados está cada vez mais acirrada, vem aumentando também a busca por diferenciais competitivos nos negócios.

Entende-se por competição a relação entre duas ou mais empresas que assumem a rivalidade em razão de estarem atingindo o mesmo público-alvo e a mesma necessidade e que se esforçam para se diferenciar e, assim, conquistar, desenvolver e manter seus clientes atuais ou potenciais.[1] Quando as ações de marketing que uma empresa desenvolve, com o objetivo de se diferenciar em relação aos concorrentes (competidores), trazem resultados mais eficientes e eficazes para o negócio, diz-se que essa empresa tem alta taxa de competitividade no mercado no qual atua.

---

[1] O cliente potencial (ou *prospects*) aqui mencionado é aquele que ainda não compra de determinada empresa um produto ou serviço, mas que pode estar comprando de um concorrente, ou ainda não utiliza esse produto ou serviço, mas tem necessidade dele.

Segundo Hooley, Saunders e Piercy (2001, p. 13), "de forma simplificada, o ambiente de marketing pode ser dividido em competitivo (incluindo as empresas, seus concorrentes imediatos e clientes) e macroambiente (o cenário social, político, econômico, **demográfico, geográfico, cultural, ou seja, uma visão mais ampla)**".[2]

Se observarmos atentamente o cenário mercadológico que já vem se manifestando nos últimos anos ou até mesmo há décadas, perceberemos que a concorrência não está presente somente em "adversários" que atuam no mesmo mercado ou que fabricam os mesmos produtos/serviços, mas também em diferentes nichos e segmentos que têm produtos e serviços diferentes, mas atendem a mesma necessidade. A seguir, apresentamos uma visão mais ampla e atual sobre o significado de concorrência e o que ela envolve.

> A concorrência representa apenas uma das forças no ambiente em que a empresa opera [...] o ambiente tarefa inclui os participantes imediatos envolvidos na produção, distribuição e promoção da oferta. Os participantes principais são a empresa, os fornecedores, os distribuidores, os revendedores e os clientes-alvo [...] o ambiente geral é formado por seis componentes: o ambiente demográfico, ambiente econômico, ambiente natural (meio ambiente), ambiente tecnológico, ambiente político-legal e ambiente sociocultural (KOTLER; KELLER, 2006, p. 24).

A globalização dos mercados[3] e a constante evolução tecnológica estão proporcionando cada vez mais a diversificação dos produtos e serviços e, principalmente, formas de comercialização com o objetivo de se diferenciar. Dessa forma, os clientes (ou potenciais clientes) estão mais exigentes, seletivos e possuem ferramentas para analisar as propostas apresentadas pelas empresas e buscar ofertas de maior valor agregado e um preço mais adequado a suas possibilidades. Eles esperam que as empresas façam mais do que informá-los ou satisfazê-los, que possam conquistá-los totalmente e, em alguns casos, exceder suas expectativas.

---

[2] Grifo e complemento do autor.

[3] Com os mercados na era da globalização – caracterizados por mudanças sociais, econômicas, tecnológicas e legais –, percebemos que as empresas devem se antecipar às ações de marketing em relação a seus competidores, buscando agregar valor ao cliente em todos os momentos de contato.

Por isso, é importante que a empresa esteja com o foco de suas atividades no relacionamento com os públicos de interesse procurando agregar valor. Essa preocupação com o relacionamento poderá ser mais um elemento de diferenciação e, consequentemente, caminhar para um processo de fidelização.

> A fidelidade do cliente é o resultado real de uma organização criando benefícios para um cliente para que ele mantenha ou aumente suas compras junto à organização. A fidelidade do cliente é criada quando ele se torna defensor da organização sem incentivo para tal (BROWN, 2001, p. 53).

Para obter a tão almejada fidelização e se destacar no mercado competitivo, a empresa deve entregar, portanto, um alto valor para o cliente. "Uma proposta de valor consiste em todo um conjunto de benefícios que a empresa promete entregar; é mais do que o posicionamento central da oferta" (KOTLER; KELLER, 2006, p. 141). Isso significa cultivar um relacionamento de longo prazo com ele e com os *prospects*, ou seja, com os clientes potenciais. Toda a empresa deve se mobilizar e "cuidar" do seu cliente. De acordo com Kotler e Keller (2006, p. 138), o cliente é o único e verdadeiro centro de lucro da empresa. Portanto, "as empresas devem estar orientadas para ele, colocando-o no topo do organograma e mantendo todos os setores focados para atender as suas expectativas". Entre a teoria e a prática ainda existe, porém, um grande caminho a ser percorrido. Muitas empresas têm o discurso de "foco no cliente", mas o que se percebe é que essa prática ainda não se disseminou na maioria das culturas empresariais, ou por falta de conhecimento sobre a verdadeira estratégia de atendimento e tudo o que envolve essa prática, ou por não se acreditar na eficiência e eficácia desse tipo de ação, ou até mesmo por pura falta de vontade dos empresários e gestores.

A UNIÃO DA TECNOLOGIA, PROCESSOS E PESSOAS

A indústria da Tecnologia da Informação (TI) disponível para as ações de relacionamento tem se aperfeiçoado cada vez mais, facilitando e possibilitando o desenvolvimento de diversas estratégias de marketing, em que o foco principal é a melhoria do atendimento a partir das descobertas das necessidades, desejos e preferências do consumidor antes, durante e depois da compra (Figura 1). Com base nessas informações sobre o consumidor, a empresa é capaz de oferecer um produto ou serviço que esteja mais adequado a suas características, perfil e exigências, comunicando e disponibilizando esse produto ou serviço para aquisição da forma mais atrativa e conveniente, portanto, agregando valor em todo o processo de comercialização.

Com a utilização da TI, é possível melhorar o resultado das ações de relacionamento com o cliente. A TI, com seus bancos de dados (bases de informação alimentadas pelo comércio eletrônico, por dispositivos de pontos de vendas, por caixas automáticas e por diversos outros meios) e suas bases de conhecimento (*data warehouses*,[4] *data mining*,[5] *data marts*[6]), consegue alterar – maximizar – o papel do marketing e do gerenciamento de clientes das empresas, que agora buscam a lucratividade e a melhoria na administração das relações com todos os que fazem parte da aura de negócios (fornecedores, parceiros, colaboradores, acionistas etc.).

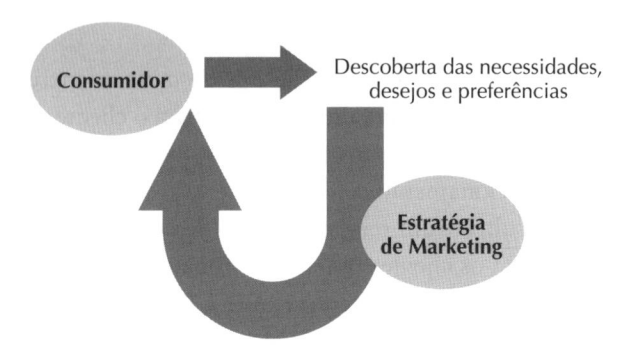

Figura 1 Descoberta das necessidades, desejos e preferências e as ações de marketing.

Além da utilização da TI, as empresas devem ter processos organizacionais orientados para o mercado, ou seja, devem estar ao redor do cliente, procurando agregar valor dentro da competência de cada área de negócio (vendas, marketing, produção, logística, gestão de pessoas, financeira, entre outras áreas administrativas e produtivas).

A união dos processos organizacionais com estratégias de relacionamento adequadas aos diversos públicos de interesse da empresa define as ações do marketing moderno que devem ser desenvolvidas com o intuito de aproveitar as oportunidades que o mercado apresenta e, também, de evitar as ameaças identificadas no negócio.

---

[4] *Data warehouse*, ou depósito de dados, como o próprio nome indica, é um sistema de banco de dados utilizado para o armazenamento de informações que estão disponíveis nas diversas áreas organizacionais. O *data warehouse* possibilita arquivar e analisar um grande número de informações.

[5] *Data mining*, ou mineração de dados, consiste em um processo de análise de um grande número de informações da base de dados da empresa com o objetivo de extrair informações relevantes e descobertas sobre comportamentos dos clientes.

[6] *Data marts* é um depósito de dados igual ao *data warehouse*, só que em menor proporção, e é usado para armazenar informações de um departamento ou área específica da empresa.

> No século XX, para uma empresa ser bem-sucedida bastava ter um bom produto. À medida que chegamos à era da interatividade, o produto não é mais o principal bem de uma companhia, e sim os clientes. As empresas precisam estar organizadas ao redor deles, focadas em aprender mais com cada um e fazê-los mais rentáveis.

Gerenciar um processo organizacional orientado para o mercado, contudo, não é uma atividade fácil de realizar, pois as diversas áreas da empresa devem interagir entre si e de acordo com uma estratégia única de atendimento detalhadamente planejada. Assim, as áreas de vendas, finanças, produção e desenvolvimento de produtos, recursos humanos, compras, marketing, serviços de suporte ao cliente, logística, entre outras, devem procurar verificar quais informações sobre os clientes e/ou seus parceiros, entre outros, são úteis em suas atividades, procurando desenvolver ações específicas para cada grupo de clientes e, assim, estreitar o relacionamento com eles.

Vejamos exemplos de algumas áreas e atividades que indicam o foco no cliente:

- Área de vendas e *call center*: são o começo e o fim dos processos, e são responsáveis pelas indicações sobre o perfil, o comportamento e as necessidades do cliente, alimentando as demais áreas da empresa com informações importantes. Devem acompanhar a evolução dos processos de tal forma que garantam a satisfação do cliente e interajam nos momentos necessários, evitando qualquer ruído de comunicação.
- Área de compras e área de produção e desenvolvimento: é importante que essas duas áreas interajam de forma bem próxima, garantindo que os materiais e equipamentos necessários estejam disponíveis no processo produtivo. Além disso, é fundamental garantir um bom relacionamento com os fornecedores, reforçando a parceria com base numa relação ganha-ganha.
- Área de marketing e área de logística: definem as políticas de marketing mais adequadas aos diversos grupos de clientes, verificando como distribuir os produtos e serviços de forma mais conveniente aos clientes e comunicando de modo eficiente e direto.

Entretanto, todo esse investimento em TI e o esforço para as mudanças nos processos organizacionais orientando-se para o mercado não terão nenhum efeito para a melhoria do atendimento se não for acrescentado um terceiro elemento fundamental para o relacionamento: as pessoas. Em todo o processo organizacional, são as pessoas que interagem direta ou indiretamente com os clientes e são elas que imaginam, criam e desenvolvem estratégias para atingir os objetivos mercadológicos da empresa.

Assim, mudar a mentalidade dos colaboradores e parceiros de negócio, treiná-los e capacitá-los para que entendam as necessidades dos clientes e desenvolvam ações de relacionamento adequadas é o grande desafio para uma gestão de marketing na atualidade. Quando uma empresa reúne profissionais qualificados, motivados e que entendem a importância de ter o foco no cliente, que compreendem que fazem parte da estratégia de relacionamento, os resultados mercadológicos são alcançados.

A empresa que pretende trabalhar com o marketing de relacionamento deve ter em mente estes três pilares essenciais para o desenvolvimento (Figura 2): TI; processos organizacionais orientados para o mercado; e pessoas capacitadas para atender ao cliente de forma adequada e capazes de desenvolver estratégias competitivas que tragam a diferenciação.

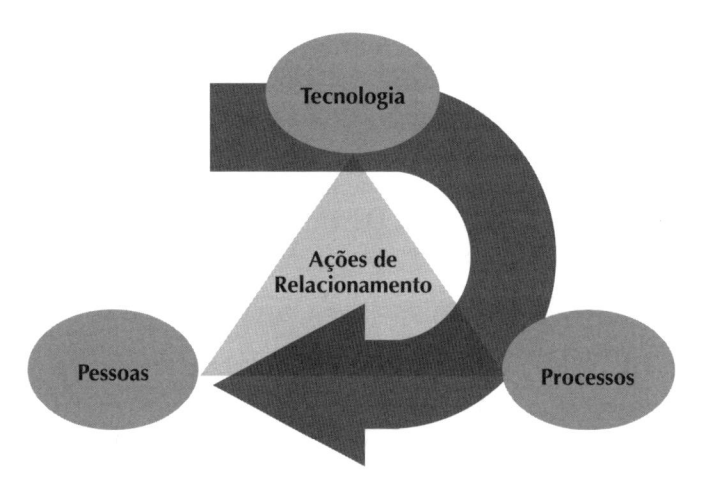

Figura 2 Tecnologia, processos e pessoas com foco no relacionamento.

Percebemos então que, para manter a eficiência e eficácia do atendimento, a empresa deve dotar-se de recursos, meios e estratégias que permitam conhecer melhor seu cliente e interagir com ele de forma adequada, sendo esse o papel do CRM (*customer relationship management*), definido por Bretzke (2000) como um conjunto de conceitos, construções, processos, *software* e *hardware*.

Segundo Kotler e Keller (2006, p. 151), o CRM

trata-se do gerenciamento cuidadoso de informações detalhadas sobre cada cliente e de todos os pontos de contato com ele, a fim de maximizar sua fidelidade. Por ponto de contato com o cliente, entende-se qualquer ocasião em que o cliente tem contato com a marca ou produto – isso inclui desde uma experiência em si até uma comunicação pessoal ou de massa, ou mesmo uma observação casual.

A partir dessa união entre o marketing e a tecnologia, disponibilizada pelo CRM, cria-se um canal de relacionamento que faz a empresa interagir com o cliente de forma eficiente e em tempo real, obtendo a vantagem competitiva. Mas por que essa prática é tão importante? O motivo principal é que ganhar novos clientes custa mais caro do que os manter e desenvolver os atuais. Ou seja, os custos de aquisição e manutenção de clientes podem ser quantificados, o que favorece a manutenção em vez da aquisição.

Segundo Vavra (1993), a conquista de novos clientes é, às vezes, onerosa para uma empresa. É necessário que o cliente realize um número determinado de transações ao longo de um período para que os investimentos feitos pela empresa sejam recuperados, ou seja, para que o cliente comece de fato a lhe trazer lucro ou outro tipo de resultado.

De acordo com Las Casas (2006), custa cinco vezes mais conquistar um novo cliente do que manter um cliente atual. Já o cliente atual está livre dos custos de prospecção (como custos com comunicação de massa e custos de tempo necessários para conhecer o novo cliente).

A importância da fidelização de clientes é reforçada pelo potencial destrutivo dos clientes insatisfeitos, que deixam de efetuar compras com a empresa. Esses clientes, além de não serem mais fiéis, podem prejudicar o desenvolvimento de novos negócios e a conquista de novos clientes. Ainda segundo Las Casas (2006), 91% dos clientes insatisfeitos jamais comprarão dessa mesma empresa e comunicarão sua insatisfação a pelo menos nove pessoas.

Muitas vezes, as empresas entendem que o marketing de relacionamento é um elemento que vai gerar um custo adicional para o negócio e mais trabalho para os gestores. É evidente que se trata de uma quebra de paradigma em que a empresa deve ter em mente que essas ações devem ser encaradas como um investimento que poderá trazer resultados a médio e a longo prazos e que o trabalho adicional poderá facilitar diversas ações comerciais.

Stone e Woodcock (1998) relatam os seguintes itens como os principais benefícios do marketing de relacionamento:

1. Aumento da retenção e fidelidade do cliente: os clientes acabam se relacionando com a empresa por períodos mais longos, realizam um número maior de transações e com maior frequência (aumento do valor de tempo de vida).
2. Maior lucratividade por cliente ou por grupos de clientes que apresentam o mesmo perfil de compra, não apenas porque cada cliente compra mais, mas em função de:
   - custos menores para conquistar os clientes (e desnecessidade de conseguir tantos clientes se a empresa deseja um volume de negócios mais ou menos estável);
   - redução do custo de venda e marketing (geralmente, os clientes já existentes reagem mais e melhor ao marketing da empresa).

O foco no relacionamento pode ser entendido como um bloqueio à saída dos clientes, dificultando a entrada de novos concorrentes, uma vez que esses clientes já estarão "protegidos" contra outras ações mercadológicas praticadas.

De acordo com Gordon (1998), o marketing de relacionamento tem condições de oferecer às empresas uma série de vantagens importantes. Entretanto, não terá um apelo idêntico para todas as empresas, ou seja, nem todas terão capacidade para aplicá-lo, seja por questões financeiras, por capacidade tecnológica ou pela sofisticação do marketing de relacionamento para fazer jus a seus princípios.

Gordon (1998, p. 108) conclui essa abordagem da seguinte forma:

> O marketing de relacionamento fará mais sentido para algumas empresas do que para outras. Até que ponto os princípios de marketing de relacionamento devem ser adotados depende de uma cautelosa consideração de questões estratégicas e econômicas. Mas uma coisa é certa: a tendência para o marketing customizado e personalizado é inquestionável. Se você não der um passo para servir os clientes como eles querem ser servidos e seu concorrente o fizer, como isso afetará você e sua empresa? (GORDON, 1998, p. 108).

A partir dessa exposição introdutória, acredita-se que tenham ficado claras a complexidade e a abrangência do tema e, portanto, a necessidade de se trabalhar principalmente os conceitos de Atendimento, Marketing de Relacionamento e CRM de forma mais ampla, uma vez que, em um mercado competitivo, todas as estratégias de marketing devem ser vistas em seus pormenores para o sucesso do negócio.

1
Gestão do atendimento e relacionamento

Quando um cliente tem determinada necessidade, fica atento às ofertas, verificando e analisando todas as opções que lhe são apresentadas para escolher a mais adequada a suas características, seu perfil, suas exigências, possibilidades e, assim, iniciar uma relação comercial com a empresa.

A partir do início dessa relação comercial, se ficar evidente a plena satisfação do cliente desde o início do atendimento até a concretização do negócio e a empresa obtiver o lucro desejado durante e depois do processo, entende-se que o marketing atingiu seu objetivo principal: **atender ao cliente**.

Para a empresa atingir esse objetivo, algumas etapas devem ser cumpridas. A primeira delas é identificar e compreender as reais necessidades do cliente para, depois, transformá-las em uma oferta adequada e, por último, cuidar da comunicação e da disponibilização dessa oferta da forma mais direta e conveniente possível (Figura 1.1).

Todo esse caminho deverá ser acompanhado pelas diversas áreas que compõem o negócio, que devem analisar e verificar sua viabilidade em relação às áreas de produção, logística, financeira, de compras etc. Ou seja, não basta obter a satisfação do cliente, é necessário analisar a viabilidade das ações em relação aos resultados que a empresa deseja e precisa atingir.

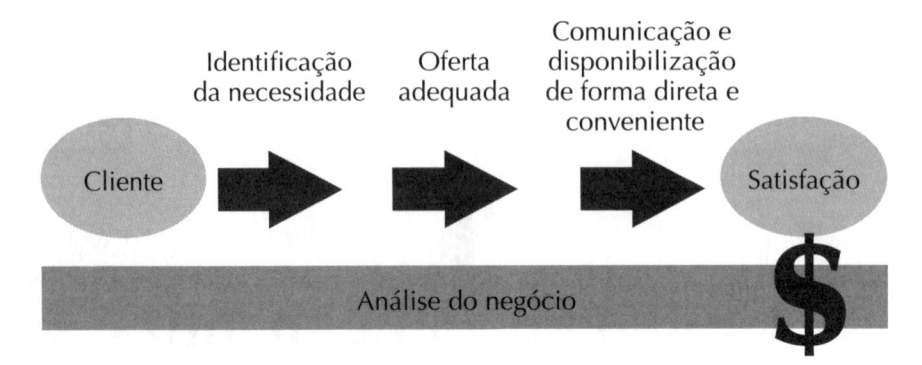

Figura 1.1 Etapas básicas para o desenvolvimento de ações de marketing.

Nenhuma empresa sobrevive apenas por ter seus clientes plenamente satisfeitos, sem que haja também um resultado positivo para o negócio. O papel básico do marketing é justamente manter esse equilíbrio entre a satisfação do cliente e a lucratividade da empresa.[1]

O ponto inicial de tudo, como destacado anteriormente, é conhecer o cliente, pois é a partir desse conhecimento que a empresa poderá desenvolver a oferta mais adequada. Conhecer o cliente não significa apenas analisar seu comportamento no momento de compra, seus hábitos, características e desejos, mas também analisar seu potencial e sua lealdade em relação ao produto ou marca (Figura 1.2).

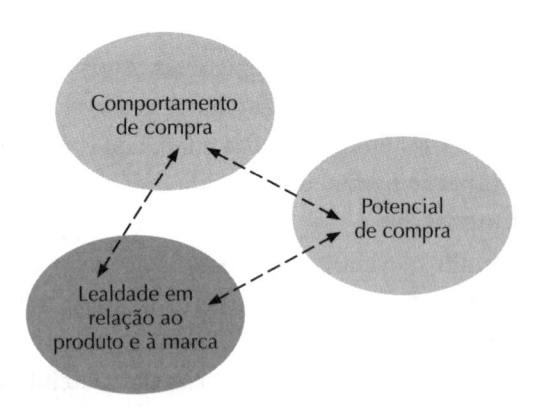

Figura 1.2 As três atividades importantes do marketing.

---

[1] Obviamente está se tratando, neste ponto, de empresas comerciais, ou seja, daquelas cujo objetivo é o lucro. Entende-se que esses princípios também devem ser aplicados a empresas não comerciais (sem fins lucrativos) que buscam algum tipo de resultado para suas atividades.

Percebemos até aqui três atividades importantes do marketing para um atendimento adequado:

- a primeira diz respeito à análise do comportamento de compra do cliente;
- a segunda trata da análise do potencial de compra do cliente em relação a seu produto ou marca;
- a terceira relaciona-se à lealdade do cliente em relação a sua empresa.

Quanto mais a empresa conhecer seus clientes, mais poderá desenvolver produtos e serviços adequados e, portanto, aumentar a participação desses clientes em relação a suas compras (*client share*). Como afirmam Kotler e Keller (2006), uma empresa que atua em mercados competitivos precisa monitorar permanentemente o comportamento de compra do consumidor. Segundo Samara (2005, p. 2),

> compreender o consumidor é a função essencial do marketing para que ele possa cumprir plenamente seus objetivos no desenvolvimento da produção e na colocação no mercado de bens e serviços apropriados e capazes de satisfazer as necessidades e desejos dos consumidores, contribuindo, assim, efetivamente para o sucesso do negócio.

A partir dessa perspectiva, o consumidor passa a ser o centro das decisões de uma empresa. Em vez de a empresa tomar decisões de negócios somente a partir da análise de suas capacidades (produção, finanças, recursos humanos etc.), terá de levar em conta também as necessidades do cliente e sua satisfação, que passarão a incorporar os processos de produção e comercialização.

Segundo Giglio (2002, p. 38-39),

> se o consumidor não quer mais a embalagem de vidro, preferindo descartável, por exemplo, temos que adaptar nossa empresa a essa nova situação. Devemos criar constantemente novos instrumentos e modos de satisfação. [...]
>
> A satisfação do cliente é o princípio e o fim de nosso trabalho. Devemos conhecê-lo com maior grau de detalhamento possível, bem como sua família, seus costumes, as regras sociais que o cercam, as leis do seu grupo e a inter-relação entre estes níveis.

Por isso, a gestão do atendimento deve estar associada ao marketing de relacionamento, à tecnologia de banco de dados e às pesquisas sobre as demais ferramentas do sistema de inteligência de mercado, a fim de possibilitar a coleta do máximo de informações a respeito dos clientes e demais "atores", auxiliando no desenvolvimento de uma estratégia mais adequada.

O consumidor determina seu comportamento a partir de suas características pessoais e seu perfil e, por sua vez, é influenciado pelas relações diretas e indiretas com os membros de sua família, amigos, colegas de trabalho, locais que frequenta etc. Além disso, ele também recebe influências do meio social, político, econômico e tecnológico (macroambiente) onde está inserido (Figura 1.3).

Esse comportamento é influenciado, ainda, pelas diversas ações de comunicação que as empresas realizam para buscar convencê-lo de que têm a melhor oferta para sua necessidade. Tanto a empresa como os concorrentes travam uma "batalha" diária pela atenção do consumidor e oferecem a ele produtos e serviços associados a certos "padrões de vida" e a determinadas vantagens, com o objetivo de levá-lo à compra ou pelo menos à lembrança da marca e dos atributos por ela oferecidos.

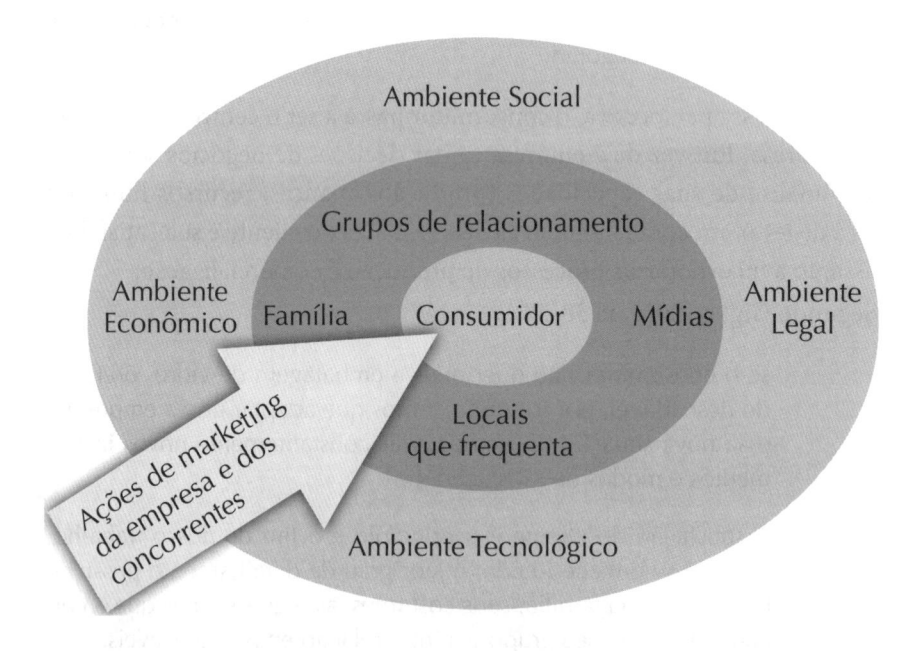

Figura 1.3 O consumidor e os fatores que influenciam seu comportamento de compra.

Além do consumidor final, ou seja, daquele que tem necessidades pessoais e compra produtos para seu próprio uso (sapatos, roupas, alimentos, carro, sabonete etc.), temos o consumidor organizacional, composto de empresas (indústria e comércio), órgãos públicos, associações, entre muitos outros.

> O processo de decisão de compra organizacional envolve certas peculiaridades e, não raro, possui maior complexidade do que a compra pessoal, principalmente em virtude do envolvimento de diversos departamentos e do extenso procedimento operacional e decisório (SAMARA, 2005, p. 15).

Por isso, a empresa que deseja iniciar um processo de gestão de atendimento deve, em primeiro lugar, verificar se os clientes-alvo são pessoas físicas, jurídicas (empresas) ou mistas (físicas e jurídicas) e, posteriormente, verificar todos os fatores de influência e como se dá o processo de decisão de compra (etapas e características) em cada caso.

> O processo de decisão de compra do consumidor se inicia com o reconhecimento de uma necessidade (ou problema), isto é, o consumidor sente a diferença entre o seu estado atual e algum estado desejado. O reconhecimento do problema, ou seja, a detecção de uma necessidade ou desejo a ser satisfeito, desencadeia o processo em busca de sua satisfação. A compra ou o uso de um bem ou serviço para atingir o estado de equilíbrio desejado (SAMARA, 2005, p. 27).

Além do comportamento do consumidor, a empresa deve analisar seu potencial de compra em relação a determinada necessidade e em relação a determinada empresa.

Um conceito importante dentro da área de conhecimento de economia é o fato de que todo ser humano tem necessidades ilimitadas, mas dispõe de recursos limitados para satisfazê-las. Por isso, cada consumidor avalia o valor de suas necessidades para decidir como vai distribuir seus recursos, isto é, quanto está disposto a direcionar para a alimentação, quanto para sua educação, para seu vestuário, e assim por diante.

Não é apenas importante identificar a necessidade do cliente ou do consumidor, mas também avaliar o valor ou o recurso que está disposto a direcionar para conquistar essa necessidade.

Sabemos que todos os elementos mencionados são importantes para a vida humana, mas, como os recursos são limitados, o consumidor tem que optar. Analisar os recursos do consumidor e o valor em relação a cada uma de suas necessidades vai determinar seu potencial de compra em relação a determinado bem ou serviço.

Assim, *necessidade* e *valor* são diretamente proporcionais, ou seja, quanto maior a necessidade, maior será o valor. Se determinada necessidade for alta, o valor ou o esforço que o consumidor estará disposto a direcionar no sentido de satisfazê-la será maior. Se, de outro lado, a necessidade for baixa, o valor ou o esforço do consumidor em relação a esse item será menor.

Após analisar o potencial de compra do consumidor, a empresa deve analisar o potencial para atendê-lo. Nesse momento, é importante identificar a capacidade da empresa em transformar o conhecimento sobre as necessidades do consumidor em ações organizacionais e mercadológicas.

Entende-se por *ações organizacionais e mercadológicas* o conjunto de estratégias que envolvem desde o desenvolvimento de produtos e serviços até sua disponibilização e comercialização do jeito e da forma que for mais conveniente para o consumidor. Uma estratégia mercadológica eficiente e eficaz coloca o produto ou o serviço certo, com o preço adequado, no lugar conveniente como uma comunicação específica para o consumidor desejado.

O cruzamento entre o potencial do cliente e o potencial de atendê-lo vai determinar o tipo de estratégia de relacionamento mais adequada.

Na Tabela 1.1, podemos observar alguns exemplos de estratégias que podem ser realizadas a partir do cruzamento do potencial de compra e do potencial de atendimento. Mais adiante, vamos detalhar as estratégias de relacionamento, assim como o potencial de atendimento.

Por último, mas não menos importante, temos a terceira atividade da visão atual de atendimento, que diz respeito à lealdade do cliente em relação ao produto, à marca e à empresa. O quanto seu cliente está sensível às ações do concorrente e o quanto está disposto a mudar de fornecedor por não estar totalmente satisfeito com as ações que a empresa vem realizando determinam o nível de fidelidade em relação a seu produto e marca.

Segundo Gordon (1998), "fidelização é o processo pelo qual um cliente torna-se fiel". A fidelização de clientes é um processo aplicado que tem como principal objetivo manter o nível de satisfação elevado, garantindo sua manutenção.

Tabela 1.1 Potencial de compra, potencial de atendimento e estratégias de relacionamento.

Grupo	Potencial de compra	Potencial de atendimento	Estratégias de relacionamento
1	Alto	Alto	A estratégia mais adequada é a de fidelização. A empresa deve desenvolver todos os esforços para satisfazer esse grupo de clientes investindo em tecnologia, processos e pessoas.
2	Alto	Baixo	A empresa deverá aumentar sua capacidade de atendimento investindo em desenvolvimento de novos produtos/serviços ou aumentando a oferta através de alianças estratégicas e disponibilizando das formas mais convenientes.
3	Baixo	Alto	A empresa deverá estimular o consumidor à compra a partir de técnicas de comunicação com o objetivo de aumentar o potencial.
4	Baixo	Baixo	Este grupo de clientes exige da empresa investimentos tanto com o objetivo de aumentar o potencial de compra como também investimentos para aumentar o potencial de atendimento. Por isso, talvez seja o caso de a empresa buscar um outro mercado de atuação.

Percebe-se que a lealdade do cliente em relação a um produto, serviço ou marca é determinada pela capacidade da empresa em satisfazer o cliente ou até mesmo surpreendê-lo com ações mercadológicas adequadas a suas necessidades.

Um cliente satisfeito, além de não ficar tão sensível às ações dos concorrentes, compra mais produtos ou serviços e de forma mais diversificada, diminui os custos de comunicação e indica positivamente para as pessoas de seu relacionamento com o produto e a marca.

A fidelidade está ligada diretamente ao nível de envolvimento do cliente com a empresa. O alto envolvimento leva à busca de informação e, por fim, à fidelização à marca, enquanto o baixo envolvimento leva à necessidade de maior exposição e à consciência da marca, portanto, aumentam os esforços e, consequentemente, os custos de marketing. Essa lógica é levada em consideração a partir do momento em que o consumidor experimenta um dado produto e se satisfaz. Então, essa percepção de satisfação leva, muitas vezes, o cliente inconscientemente à recompra, ou seja, sem necessidade de reforços de marketing constantes. Vale ressaltar que, mesmo com todo esse processo comportamental, o consumidor, por estar mais criterioso em suas compras, busca comparações entre marcas e seus atributos de modo que possa fazer sempre a melhor escolha.

Não basta oferecer o melhor. Afinal, o que vale é a visão do cliente a respeito do que ele enxerga como melhor. Dessa forma, a fidelidade passa a ter caráter bastante subjetivo e, muitas vezes, difícil de medir. O que importa é satisfazer plenamente as necessidades dos clientes, que estão em constante modificação em termos comportamentais.

Para que seja atingido o nível de satisfação adequado, a empresa deverá, como já exposto, estar focada no cliente, por isso, algumas mudanças estratégicas são necessárias:

- **Flexibilidade** na composição dos produtos, serviços, preços, formas e meios de comunicação e distribuição com o objetivo de atender às necessidades e de agregar valor ao relacionamento.
- **Visibilidade** em toda a cadeia de negócios desenvolvendo estratégias conjuntas (indústria – canal de vendas) e em tempo real.
- Estratégias de vendas e marketing criativas com o objetivo de **esquentar** as vendas.
- **Rigidez** na composição dos custos, evitando repassar aumentos desnecessários ao mercado, mas garantindo a lucratividade do negócio.

O cliente tem como objetivo sair satisfeito de determinada transação e espera que a empresa desenvolva uma estratégia adequada para isso. Mas é importante saber que nem sempre ter um cliente satisfeito significa ter um cliente leal, pois a satisfação pode ser influenciada por ações mais eficientes e eficazes dos concorrentes.

Segundo Kotler e Keller (2006), a satisfação do consumidor está baseada na sensação de prazer ou desapontamento resultante da comparação do desempenho (ou resultado) percebido de um produto, serviço ou marca em relação a suas expectativas. Portanto, a satisfação do cliente é medida pela relação entre o que ele recebeu e o que esperava (percepção × expectativa). Se a percepção for maior que a expectativa, o cliente ficará mais satisfeito do que esperava; se for menor, o cliente vai se decepcionar e não vai reagir de forma positiva à experiência.

Podemos notar que a relação entre percepção e expectativa pode gerar diversas equações que, por sua vez, geram resultados como os apresentados a seguir:

- Percepção menor que a expectativa = desencantamento. O cliente é mal atendido. Experimenta uma situação pior do que imaginava encontrar. Fica frustrado, aborrecido e, muitas vezes, revoltado.
- Percepção igual à expectativa = normal. Tudo ocorre normalmente, porém, é perdida a oportunidade de encantar o cliente.
- Percepção maior que a expectativa = encantamento. O cliente experimenta um atendimento melhor que o dos concorrentes, que o deixa encantado e satisfeito.

É preciso que a empresa fique atenta à percepção do cliente, que pode sofrer variações de acordo com os seguintes fatores: necessidades circunstanciais, em que o cliente aceita o que lhe é oferecido no momento; fatores de influência; experiência do cliente, ou seja, situações vividas em outros atendimentos; estado de espírito do cliente. Essas são apenas algumas das variáveis que podem influenciar negativa ou positivamente o contato das empresas com os clientes.

1.1 DO APOIO ÀS VENDAS À GESTÃO DO ATENDIMENTO E RELACIONAMENTO

A visão sobre o que, de fato, significa atendimento a clientes, e a própria atividade de marketing vêm sofrendo alterações conceituais, sobretudo nas últimas décadas. De uma atividade de apoio à área de venda, o atendimento passou a ser um importante elemento de gestão de relacionamento do cliente.

Nas décadas de 1960 e 1970, a visão de atendimento estava relacionada apenas ao balcão de atendimento, isto é, atender ao cliente era entregar-lhe o produto e efetuar a "venda". Já nas décadas de 1980 e 1990, com o aumento da concorrência e o aparecimento de novas ferramentas de comunicação, a proposta do atendimento começou a agregar a preocupação com a satisfação do cliente. Surgiram novas formas de interação, como o telemarketing e o Serviço de Atendimento ao Cliente (SAC) e, principalmente, a preocupação com a qualidade no atendimento.

No final da década de 1990 e nos anos que se seguiram, a preocupação extrapolou apenas a satisfação do cliente. A ideia era antecipar os desejos do cliente, por isso o atendimento deixou definitivamente de ser apenas uma atividade de apoio às vendas e passou a ser o principal elemento da gestão do relacionamento com o cliente, envolvendo toda a organização (Figura 1.4).

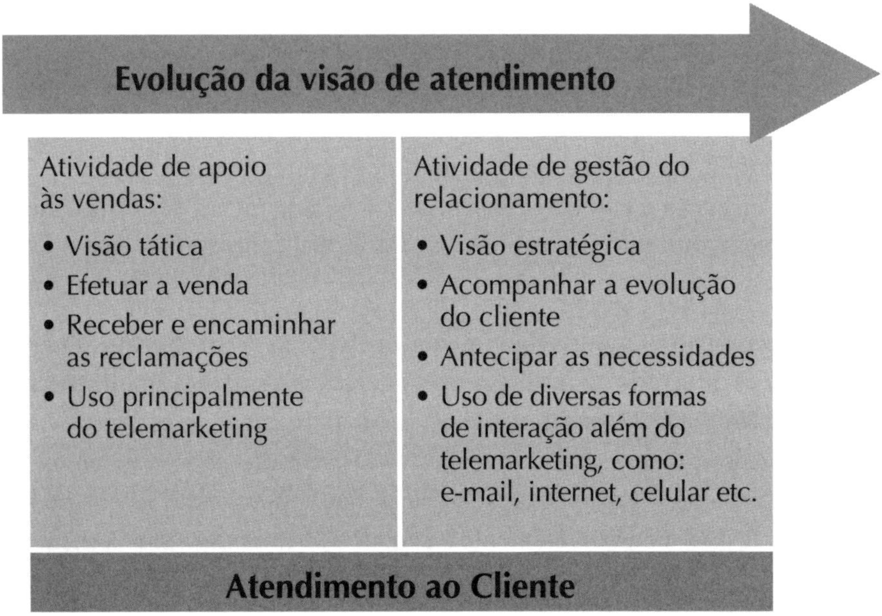

Evolução da visão de atendimento

Atividade de apoio às vendas:	Atividade de gestão do relacionamento:
• Visão tática	• Visão estratégica
• Efetuar a venda	• Acompanhar a evolução do cliente
• Receber e encaminhar as reclamações	• Antecipar as necessidades
• Uso principalmente do telemarketing	• Uso de diversas formas de interação além do telemarketing, como: e-mail, internet, celular etc.

Atendimento ao Cliente

Figura 1.4 A evolução da visão de atendimento.

Como podemos perceber na Figura 1.4, as atividades de atendimento a clientes passaram por diversas mudanças ao longo dos anos. Foram mudanças tanto físicas, devidas aos avanços tecnológicos e ao aparecimento de novas ferramentas de interação, quanto estratégicas, pois esse novo canal de relacionamento tornou-se um centro de redução de custos de atendimento, geração de receitas e otimização dos processos.

Aos poucos, os SACs transformaram-se nos *call centers* e nos *contact centers*, responsáveis por agregar valor ao cliente e satisfazê-lo, atendendo do pré ao pós-compra.

> O serviço de atendimento ao cliente evoluiu, assumindo várias funções, que antes eram descentralizadas em diversos departamentos, passando a gerenciar um grande volume de informações em tempo real, oferecendo mais serviços de valor agregados aos clientes (BRETZKE, 2000, p. 41).

O conceito de *call center* teve início quando as organizações começam a perceber que precisavam não apenas cortar custos, mas também interagir com os clientes com maior eficiência e eficácia, buscando a diferenciação em relação aos concorrentes. Era preciso atender às reclamações e sugestões dos clientes de forma mais barata do que o atendimento pessoal e entender suas necessidades, desenvolvendo produtos, serviços e formas de comercialização mais adequados.

A partir de uma rápida evolução histórica sobre o conceito de *call center*, verifica-se que essa atividade era entendida apenas como um centro de custos, cujo objetivo era de facilitar o atendimento da equipe de vendas e, consequentemente, aumentar a satisfação do cliente, ou seja, servir apenas de ferramenta de apoio às vendas.

Com o passar do tempo, apareceram novas formas de interação e os filtros eletrônicos: WEB, Unidade de Resposta Audível (URA),[2] fax e e-mail. O telemarketing passou a ser ativo, receptivo ou misto. Surgiu o conceito de *contact center* e, com isso, a necessidade de segmentar a base de clientes para melhor atendê-los. A partir daí, apareceram as primeiras iniciativas de *Customer Relationship Management* (CRM).

O *contact center* passou a agregar vários componentes, como o telefone tradicional, e-mails, SMS, web, *chat*,[3] redes sociais, aplicativos de celulares etc.

---

[2] A URA utiliza a tecnologia digital através de sistemas que executam o processamento de voz e fax. Tem diversas aplicações, tais como: bancos (telessaldo, extratos, financiamentos etc.); concessionárias de telefonia (disque-amizade, disque-piada, serviço despertador, hora certa etc.); outras possibilidades (agendamentos, cobrança eletrônica, consultas de listas de preços, estoques, taxas, programações etc.).

[3] Nos *chats*, também conhecidos como "salas de bate-papo virtuais", os usuários trocam mensagens entre si de maneira informal. Ao entrar numa sala de bate-papo, é possível, por exemplo, escolher o tema de interesse da conversa.

Dessa forma, o canal passou a oferecer mais agilidade e comodidade aos clientes, abrindo perspectivas de incremento de receitas.

Com a evolução do CRM, iniciaram-se campanhas de relacionamento de forma mais criativa e interativa. Criou-se sinergia entre os atendimentos automatizados, o atendente e a agência para dar suporte ao cliente ou às próprias campanhas de relacionamento.

Bretzke (2000) define a evolução do *call center* em quatro fases: receptiva; qualidade do atendimento; fidelização; canal de relacionamento, que serão descritas a seguir.

1ª Fase: Receptiva

Corresponde ao período inicial da implantação do SAC, que se deu entre o final da década de 1980 e meados da década de 1990. Os SACs começaram a ser implantados após a aprovação da Lei do Consumidor,[4] em 1990, apenas como cumprimento à exigência legal. Isso foi feito com recursos precários e empregados com baixa qualificação, fora do perfil adequado.

A missão principal, nem sempre tão explícita, era atender às reclamações dos clientes e evitar qualquer transtorno para a empresa com a Fundação de Proteção e Defesa do Consumidor (Procon).[5] A função era atender às ligações dos clientes – geralmente reclamações –, registrá-las manualmente ou em algum sistema muitas vezes precário, fazer a triagem e encaminhá-las para a área competente.

O grande problema dessa fase era que, na maioria das vezes, a área para a qual era passada a reclamação ou solicitação entrava em contato novamente com o cliente, fazendo-o detalhar o que havia ocorrido e esperar mais tempo pela solução. Isso aumentava os custos e gerava descrédito naquele tipo de serviço. Além disso, o tempo de resposta dos outros departamentos era muito

---

[4] Lei nº 8.078/90 – Código de Defesa do Consumidor (CDC).

[5] Procon é um órgão brasileiro que orienta os consumidores em seus direitos e fiscaliza as relações comerciais, sendo um órgão auxiliar do Poder Judiciário com o objetivo de auxiliar a solucionar previamente os problemas nas relações entre as empresas e consumidores. O Procon pode ser estadual ou municipal, e, segundo o artigo 105 da Lei 8.078/90 (Código de Defesa do Consumidor), é parte integrante do Sistema Nacional de Defesa do Consumidor, tendo personalidade jurídica e direito público, com autonomia técnica, administrativa e financeira.

longo para garantir a satisfação do cliente, além de gerar conflito com os responsáveis pelo *call center*, pois as soluções não eram orientadas para o cliente.

Por incrível que possa parecer, esse tipo de situação ainda pode ser visto nos dias atuais em muitas organizações e é um dos principais motivos de insatisfação e reclamação com relação ao atendimento.

2ª Fase: Qualidade do atendimento

Era nesse período que a empresa percebia a necessidade de melhorar a qualidade do atendimento para evitar que fosse mais um fator de conflito com o cliente. Essa fase, no Brasil, coincidiu com o ponto alto da curva da febre dos processos de qualidade total, e a satisfação do cliente passou a ser considerada um ativo importante.

Nessa fase, ocorreu a informatização dos *call centers* e o uso mais eficiente da tecnologia, com a modernização do equipamento de telefonia e a inclusão do Distribuidor Automático de Chamadas (DAC) para aumentar a eficiência e reduzir o custo da chamada. A missão do *call center* era atender ao cliente com responsabilidade, visando aumentar sua satisfação.

Um dos fatores de eficiência nessa etapa, que na atualidade ainda pode ser visto em algumas empresas, era a rapidez no processo de atendimento. Procurava-se envolver o restante da empresa no processo para atender ao cliente mais rapidamente. No entanto, a ênfase ainda estava na diminuição dos custos operacionais do atendimento, e o investimento em tecnologia de telefonia objetivava reduzir a necessidade de aumentar os recursos humanos, que era um dos custos operacionais mais aparentes num *call center*.

3ª Fase: Fidelização

Nesse período, que correspondeu ao final da década de 1990, percebeu-se que era possível aumentar a rentabilidade com os clientes por meio dos telemarketings ativo e receptivo e que o *call center* podia ampliar-se para incorporar outras atividades, como vendas, marketing e logística.

Foi nessa fase que surgiu a consciência de que se podia explorar a eficiência, a responsabilidade na construção do relacionamento a longo prazo e o *call center* começou a assumir um papel estratégico no processo. A missão do *call center* passou a ser a construção do relacionamento a longo prazo, mediante a qualidade do diálogo e do tipo de serviço que podia ser agregado para gerar valor extra para o cliente. É importante destacar que essa etapa foi uma das mais utilizadas no mercado.

4ª Fase: Canal de relacionamento

É a fase atual, em que a internet (WEB) e os aparelhos celulares (*mobile phones*) assumem papel importante no processo de atendimento e fidelização. O cliente deseja ser atendido e reconhecido, independentemente do meio pelo qual se comunica.

A resposta deve vir em tempo real e a combinação das diversas mídias de resposta ao cliente precisa ser orquestrada para que o cliente perceba a resposta vinda da empresa como um todo, e não apenas do *call center*, do vendedor ou da loja etc.

O *call center*, como um canal de relacionamento, tem a missão de interagir com os clientes visando conquistar sua lealdade, agregando valor extra ao produto ou serviço oferecido, transformando oportunidades em receitas e em negócios. Portanto, passa a assumir um conjunto centralizado de atividades que incluem o receptivo e o ativo nas funções de vendas, prospecção de novos clientes, suporte a vendas, a administração e fidelização (comunicação continuada, reativação, *cross selling* etc.).

Ao se identificar em qual fase um *call center* está inserido, é possível transformá-lo efetivamente em um canal de relacionamento.

1.2 DOIS MOVIMENTOS BÁSICOS: CONHECER O CLIENTE E ATENDÊ-LO ADEQUADAMENTE

Fica cada vez mais evidente que não adianta uma empresa ter um bom produto ou realizar publicidade, propaganda ou promoção criativas, pois a percepção do consumidor em relação à empresa e à marca acontece em diversas fases do processo de atendimento. Ter a empresa com foco no cliente é cada vez mais importante, na medida em que a demanda excede a procura e o mercado torna-se mais competitivo em razão do aumento das concorrências direta e indireta.

Como vimos no início deste livro, segundo Kotler e Keller (2006), o cliente é o único e verdadeiro centro de lucro da empresa. Isso significa dizer que a visão tradicional em que os gestores estão no topo da pirâmide e os clientes estão na base está há muito ultrapassada. As empresas que desejam sobreviver em um mercado competitivo devem inverter essa pirâmide, colocando os clientes no topo (Figura 1.5).

> Com o cliente no topo da pirâmide, é possível conhecer melhor suas necessidades e desejos, o que permite à empresa desenvolver uma oferta melhor. Uma oferta adequada leva à satisfação e, consequentemente, à fidelização do cliente.

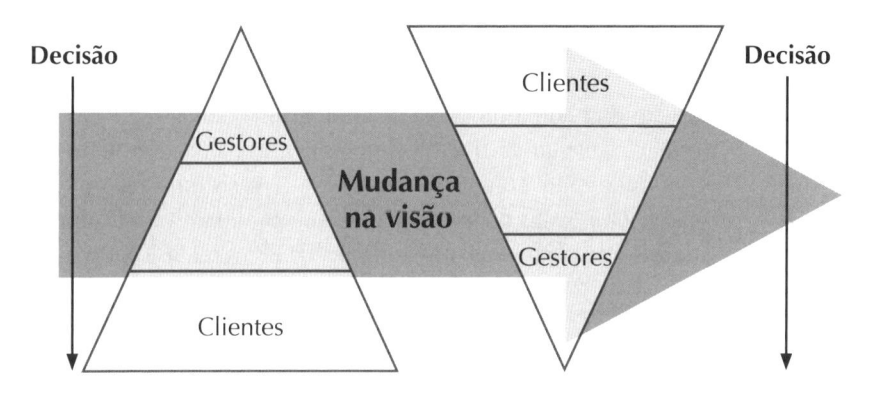

Figura 1.5 Mudança na visão focada no cliente em que o cliente assume o topo da pirâmide dentro do organograma.

Vimos que, além da identificação da necessidade, outro atributo importante no processo de atendimento é o valor. Mas, afinal, o que significa valor pela visão do cliente? Geralmente, ele está associado à percepção do consumidor, dando origem ao conceito de *valor percebido*.

De acordo com Las Casas (2006, p. 21), o marketing voltado para o valor é a sintonia de todas as atividades empresariais dirigidas à criação de valor para o cliente. O autor desenvolve esse conceito da seguinte maneira:

> O marketing voltado para o valor é uma proposta de comercialização a partir da filosofia do conceito de marketing com orientação ao consumidor, e se baseia no princípio de criar um valor superior aos clientes, de modo a otimizar a relação valor total e custo total ao consumidor (LAS CASAS, 2006, p. 21).

Assim, sob o ponto de vista do cliente, a avaliação de determinado relacionamento comercial vai além das especificações de produtos, serviços e preço. Ou seja, quando determinado consumidor busca determinado produto ou serviço, também identifica e dá importância a certos atributos adicionais na relação comercial, atendendo a seus objetivos e gerando a satisfação de valor recebido.

Kotler e Keller (2006, p. 141) comentam que o valor percebido é aquele atribuído pelos clientes ao produto ou serviço com base na relação entre benefícios que este lhe trará. A proposta de valor, portanto, consiste em todo um conjunto de benefícios que a empresa promete entregar, ou seja, é mais do que o produto central que originou a oferta.

> Basicamente, uma proposta de valor é uma declaração sobre a experiência resultante que os clientes obterão como a oferta de seu relacionamento com o fornecedor [...] o sistema de entrega de valor inclui todas as experiências que o cliente terá ao longo do processo de obter e usar a oferta (KOTLER; KELLER, 2006, p. 141).

Em resumo, podemos entender que o consumidor busca não apenas produtos ou serviços, mas também os benefícios adicionais e os valores específicos da oferta apresentada pela empresa. Os clientes compram, basicamente, algo que venha a solucionar determinado problema, ou seja, atender a certa necessidade. O esforço para a obtenção desse produto será proporcional à importância dada a esse problema e o quanto essa necessidade se destaca em relação às demais.

Além dos atributos relativos à identificação das necessidades e ao valor percebido, pode-se destacar outros dois atributos importantes relativos ao processo de atendimento do ponto de vista do cliente: a *conveniência* e a *informação*.

O conceito de conveniência, para o marketing, é muito amplo e vai desde a disponibilidade de vários itens que atendam a determinada necessidade em um único lugar (*mix* de produtos ou serviços) ou a possibilidade de o cliente encontrar esses itens em um lugar mais próximo de onde reside (desenvolvimento de canais de distribuição), ou até mesmo de comprar de diversas formas: através de uma máquina de vendas, da internet (comércio eletrônico) ou do celular (*mobile* marketing), entre outras, que são conhecidas como estratégias de canais de comercialização ou de marketing.

Para determinado consumidor, talvez seja mais conveniente ir até um restaurante consumir um alimento pronto, enquanto para outro pode ser mais conveniente ir até um supermercado comprar todos os ingredientes e preparar o alimento em sua residência. Ter um estabelecimento funcionando 24 horas pode ser um elemento de conveniência para alguns consumidores, enquanto para outros a entrega do produto em domicílio seria mais adequada.

Figura 1.6 Visão ampliada de conveniência.

Como podemos ver na Figura 1.6, não podemos restringir o atributo da conveniência apenas pelo fato de estarmos próximos do cliente (canais de distribuição eficientes) ou de a empresa ter agilidade durante o processo de venda ou comercialização – existem outros fatores. Evidentemente, esses itens são importantes, mas mudam de cliente para cliente e de momento para momento.

Isso significa que os clientes também não são os mesmos o tempo todo, eles vão modificando sua percepção sobre a conveniência com o passar do tempo ou dependendo do tipo de necessidade ou da situação que estão vivenciando. Por exemplo, se um consumidor está em uma estrada e o carro dá algum problema, sem dúvida, será mais conveniente que alguma unidade de socorro vá até o local para ajudá-lo de forma rápida e eficiente. Se esse mesmo defeito acontecesse em casa, antes de ele sair para trabalhar, talvez fosse mais conveniente ir de táxi até o local de trabalho e, posteriormente, buscar um profissional de sua confiança para ajudá-lo na solução do problema.

Por isso, a empresa deve ficar atenta e monitorar a expectativa do cliente em relação à conveniência, pesquisando, estudando e analisando a melhor estratégia de distribuição e comercialização de seus produtos e serviços. Atender da melhor maneira ao cliente é tão importante como entender suas necessidades.

> Ter um bom produto ou bom serviço não basta; é preciso que ele chegue até o consumidor no menor tempo e nas melhores condições de exposição, custo e uso. Com as facilidades de compra via Internet e outros meios, o grande desafio do marketing tradicional ou o novo marketing virtual é a distribuição (COBRA, 2009, p. 251).

Mas será que podemos eleger algumas ações mercadológicas que possibilitariam maior conveniência ao cliente de forma geral? Será que existem fatores determinantes para aumentar o grau de conveniência? Qual é a importância dos canais de distribuição?

De forma geral, os clientes, sobretudo aqueles que vivem nos grandes centros, buscam ganhar tempo na relação (agilidade) com menor esforço, ou seja, "menos estresse". Segundo Lewis e Bridger (2004, p. 63), o tempo, a atenção e a confiança se tornaram o recurso mais escasso na Nova Economia e "as empresas que não ficaram atentas a esse fato provavelmente sofrerão várias penalidades financeiras".

Tempo e *estresse*, portanto, são dois elementos cada vez mais importantes para o desenvolvimento de uma estratégia de atendimento e, sem dúvida, são fatores determinantes para aumentar o grau de conveniência percebido pelo cliente.

> Os novos consumidores insistem em tomar as próprias decisões praticamente sobre tudo, desde como encontrar a realização espiritual, até onde e quando fazer compras, as empresas de mais sucesso serão aquelas capazes de chegar até eles, em vez de esperar passivamente que batam a sua porta. Constatando o fato de que muitos novos consumidores não têm disponibilidade de tempo, tal situação levará, inevitavelmente, a um número cada vez maior de produtos e serviços disponíveis 24 horas e com entrega praticamente imediata (LEWIS; BRIDGER, 2004, p. 16).

Qual ação a empresa deverá desenvolver para que o cliente não perca tempo durante a relação e como deverá se preparar para não estressá-lo? As respostas a essas duas questões são a chave do sucesso para um bom atendimento.

É evidente que essas respostas não são tão simples, pois isso varia de empresa para empresa, de segmento para segmento, de cliente para cliente. Uma boa pesquisa sobre o perfil e o comportamento do consumidor e a criatividade na execução das estratégias podem proporcionar o sucesso das ações de relacionamento.

Percebemos atualmente diversas estratégias, associadas à política dos canais de distribuição, desenvolvidas pelas empresas, cujo foco é aumentar a conveniência para o cliente:

- **Sistema 24 horas:** diversos segmentos já utilizam o conceito de atendimento contínuo, em que os estabelecimentos não fecham e, com isso, oferecem a possibilidade de o consumidor escolher o melhor dia e horário para fazer compras. Esse sistema pode se dar em lojas físicas ou pelo comércio eletrônico (*e-commerce*) por meio de sites, blogs, redes sociais ou aplicativos de celulares que pela sua própria característica oferece acesso contínuo ao cliente.
- **Entrega em domicílio (*delivery*):** esse sistema possibilita que diversos produtos ou serviços cheguem à residência do cliente através de uma compra efetuada pela internet ou pelo telemarketing. Ganhou popularidade com a entrega de *pizzas* e se expandiu para diversos produtos e serviços, incluindo compra de medicamentos, de televisores, roupas, entre outros, e até mesmo alguns serviços, como, por exemplo, cortes de cabelo.
- **Centros de compra:** nesses centros é possível ter acesso a uma ampla gama de produtos e serviços para determinada necessidade. *Shopping* do carro, *shopping* da construção, entre outros, vêm se popularizando e oferecendo como grande diferencial o acesso a diversas marcas, produtos e serviços.
- **Geomarketing:** é um conceito que utiliza informações sobre o mercado agregado a mapas geográficos. Seu objetivo é levantar as características de determinada região e analisar o real potencial através de determinado critério (por exemplo, socioeconômico), tornando-se indispensável para compor o processo de tomada de decisão. Afinal, a utilização de mapas digitais na interpretação de diversos dados (localização de clientes, vendedores, marcas, concorrentes etc.) possibilita o reconhecimento e o entendimento de características específicas de uma dada região, permitindo melhor gerenciamento e controle do esforço de marketing. Esse conceito de geomarketing foi ampliado com

os *smartphones*,⁶ que têm como ferramenta incorporada a localização do cliente. Esse mecanismo oferece às empresas a possibilidade de localizar o cliente em tempo real e, assim, enviar a oferta mais indicada para aquele momento.

- **Parcerias ou alianças estratégicas:** esse conceito é mais do que a união de algumas empresas com o objetivo de oferecer uma variedade de serviços e produtos. Ele vem sendo cada vez mais conhecido e desenvolvido no Brasil e consiste na parceria ou aliança estratégica, na união de esforços e tecnologia, na troca de conhecimento, em estratégias conjuntas com o objetivo de ampliar o valor oferecido ao cliente, formando uma espécie de "rede de relacionamentos". Como exemplo de parcerias ou alianças estratégicas, temos os sistemas de franquias, fusões de empresas, produção ou comercialização compartilhada (cooperativas), ações promocionais conjuntas etc.

Para atender ao consumidor, a empresa pode adotar também um conjunto de estratégias e formatos diferenciados dos canais, ou seja, mudar a forma como será comercializado ou distribuído o produto ou serviço com o propósito de aumentar a conveniência.

> Em função do tamanho e desafio de mercado, uma empresa pode ser compelida a adotar vários níveis de distribuição. O tamanho do elo da cadeia distributiva será maior ou menor quanto mais complexo for o processo de venda dos produtos. Um produto de consumo, por exemplo, tem via de distribuição mais longa, ao passo que um produto industrial tem a via mais curta. [...] Portanto a decisão de qual tamanho de via utilizar depende da natureza do produto e do desafio diante da concorrência, apoiando-se em critérios (1) tempo para o produto chegar até o consumo; (2) custo da cadeia produtiva; (3) logística de suporte de atendimento ao cliente (COBRA, 2009, p. 254).

Por último, mas não menos importante, temos a informação como atributo necessário para compor a estratégia de atendimento. É importante que o cliente tenha acesso a diversas informações sobre o produto, a marca, a empresa

---

⁶ *Smartphones* é um telefone celular com recursos e tecnologias avançadas que permite executar ações que anteriormente eram apenas possíveis em computadores. Evidente que, além dos *smartphones* temos também os *tablets*, outro dispositivo semelhante ao computador e que inclui os aplicativos disponíveis nos *smartphones*.

para tomar a decisão sobre a compra e identificar qual é a melhor opção para sua necessidade.

Para fazer boas escolhas, o cliente necessita de informações que sejam compreensíveis, que lhe expliquem as várias opções a seu dispor e os possíveis resultados de sua escolha. Em geral, o cliente dá mais atenção a assuntos que de fato lhe interessam, desprezando ou filtrando informações desnecessárias.

O cliente não está mais passivo, isto é, à espera de que a informação chegue pelos meios de comunicação convencionais (propaganda na televisão, jornal, revista, catálogos de produtos, folhetos etc.); ele busca outras formas de interação, como serviços 0800 (telemarketing), sites de busca (internet) e redes sociais de relacionamento (Facebook, YouTube, Twitter, LinkedIn, Instagram, entre outras).

> A informação é o combustível que impulsiona o Novo Consumidor. A Internet tornou-se mais barata e acessível como nunca. A atração pela informação, pelo menos em parte, é porque permite maior controle sobre os gastos. Abre opções e dá lugar a julgamentos mais criteriosos sobre as futuras compras. [...] Os Novos Consumidores verificam rótulos, estudam conteúdos, comparam preços, examinam promessas, ponderam ações, fazem perguntas pertinentes e sabem quais são seus direitos legais (LEWIS; BRIDGER, 2004, p. 16).

É necessário compreender que, além das informações gerais, o cliente busca informações específicas sobre seu problema ou sua necessidade, ou seja, informações personalizadas, que consistem em informações que foram adaptadas à situação típica do cliente. Ao personalizar as informações, a empresa pode ajudá-lo a entender o que essa informação significa para ele em nível pessoal.

Na comunicação com o cliente, aumenta a importância do planejamento, do desenvolvimento de estratégia integrada (Comunicação Integrada de Marketing – CIM) e da escolha dos veículos (mídias) mais adequados para os diversos tipos de clientes. A comunicação deve favorecer um ambiente aberto, em que o fluxo multidirecional da informação proporcione um alinhamento perfeito entre os objetivos do cliente e os da organização.

> Comunicação Integrada de Marketing é o processo de desenvolver e implementar várias formas de programas persuasivos de comunicação com os consumidores e clientes potenciais ao longo do tempo do relacionamento. O objetivo da CIM é influenciar ou

diretamente afetar o comportamento de uma audiência selecionada. A CIM considera todas as fontes de contato com a marca ou a companhia que o consumidor ou cliente potencial tem como produto/serviço, com um canal potencial de entrega das futuras mensagens. Em suma, o processo da CIM – Comunicação Integrada de Marketing começa com o consumidor ou cliente potencial e, então, volta para determinar e definir as formas e métodos pelos quais os programas persuasivos de comunicação deverão ser desenvolvidos (SHULTZ apud CORRÊA, 2006, p. 49).

Assim, percebemos que, além da comunicação em massa, com informações transmitidas pelas mídias que são acessíveis a grande parte da população e, por isso, com grande audiência, temos a comunicação dirigida, cujo objetivo é segmentar cada vez mais o público e direcionar a informação mais adequada para ele.

A comunicação dirigida destina-se a clientes específicos e predeterminados e tem como objetivo enviar informações para estabelecer uma comunicação limitada, orientada e frequente com determinado número de pessoas que compartilham de características comuns e que possam ser identificadas.

Os principais instrumentos de comunicação dirigida são: a venda pessoal; o marketing direto ou comunicação dirigida; e a internet, como veremos a seguir.

- **Venda pessoal:** consiste na comunicação direta com uma audiência qualificada de clientes, em que o vendedor é a fonte de transmissão e recepção de mensagens. A venda, como elemento de comunicação para o marketing, assume algumas atividades importantes que podem ser vistas tanto individualmente como nas organizações, ou seja, tanto o vendedor como o departamento de vendas devem entender seu papel no contexto da comunicação. A venda pessoal sempre teve como seu maior diferencial a possibilidade de uma comunicação bidirecional, o que possibilita uma interação mais rápida com os diversos públicos de interesse. É importante destacar que o conceito de venda pessoal não implica, necessariamente, que ela deva ser física. Muitos vendedores e empresas fazem uso de telefones e de *smartphones* para essa atividade. Cresce a utilização de aplicativos como WhatsApp e Messenger, entre outros, para a realização de atividades relacionadas à venda pessoal que, anteriormente, estavam restritas ao contato físico.
- **Marketing direto ou comunicação dirigida:** trata-se de outra ferramenta de comunicação que propicia, assim como a venda pessoal, um contato íntimo entre a empresa e o cliente. Para tanto, o marketing direto utiliza-se de meios de comunicação direta, como a mala direta, o

telemarketing, o e-mail, o celular etc. O marketing direto e a comunicação dirigida utilizam-se de recursos tecnológicos que automatizam e personalizam as atividades comerciais. Isso permite, por exemplo, que um site identifique automaticamente o perfil do consumidor e, através de sistemas de banco de dados inteligentes, adapte a oferta para torná-la mais personalizada.

- **Internet e *smartphone*:** introduziram uma nova maneira de comunicação com os públicos de interesse. Nesse caso, a comunicação ocorre em um ambiente no qual não existem barreiras de tempo e espaço, podendo inclusive personalizar a forma e o conteúdo da mensagem. As informações contidas nos websites (espaços onde são disponibilizados programas e páginas) ou que podem ser acessadas através de diversos aplicativos de *smartphone* estão ao alcance de qualquer pessoa, em qualquer parte do mundo, a qualquer hora.

Desse modo, vamos reforçar a ideia que orienta todo o desenvolvimento deste livro: a gestão do atendimento deve-se orientar pelos atributos do mercado (identificação da necessidade, valor percebido, conveniência e informação) e desenvolver uma estratégia de marketing (produto/serviço, preço, comunicação e distribuição) que seja mais adequada aos diversos públicos de interesse da empresa (Figura 1.7).

Figura 1.7 Visão ampliada do atendimento a partir dos atributos do cliente.

Para que a empresa possa identificar os atributos de mercado e, então, desenvolver uma estratégia mercadológica mais adequada, precisa ter um bom sistema de informação, também denominado *inteligência competitiva*. Esse sistema de informação deve capturar informações de mercado (pesquisa de mercado), informações internas (relatórios gerenciais) e dados de relacionamento com os clientes (*database* marketing). Esse conjunto de informações deve ser analisado em uma base única, possibilitando uma visão geral sobre seu mercado de atuação, o comportamento e o perfil do consumidor.

A pesquisa de mercado, tanto a qualitativa como a quantitativa, contribui para analisar o comportamento de compra do consumidor em relação a uma ou mais categorias de produtos, verificar o impacto da comunicação e das mídias, a forma como ele consome os produtos e serviços, quais são suas percepções sobre a marca, o que influencia suas decisões de compra, como o concorrente atua em relação a esse mesmo grupo de consumidores, entre outras possibilidades.

> A tarefa da pesquisa de marketing é avaliar as informações necessárias e fornecer à gerência informações relevantes, precisas e confiáveis, válidas e atuais para auxiliarem na tomada de decisão. As empresas usam a pesquisa de marketing para se manterem competitivas e evitar custos altos associados a tomadas de decisões medíocres, baseadas em informações pouco sólidas. As decisões sólidas não são baseadas no instinto, na intuição ou no puro julgamento, mas sim em informações sólidas (MALHOTRA et al., 2005, p. 10).

As informações internas (relatórios gerenciais) permitem identificar informações sobre o mercado que estão disponíveis nos diversos setores da empresa, ou seja, nos departamentos de vendas, marketing, finanças, produção, compras, entre outros. Quais são os produtos que estão sendo mais vendidos, quais são as regiões que estão tendo a melhor *performance* nas vendas, quais estratégias de marketing estão obtendo melhores resultados, quais produtos a empresa tem em maior quantidade no estoque são algumas das informações disponíveis internamente que auxiliam no conhecimento sobre o comportamento do mercado. Há que se dizer que, muitas vezes, as informações internas são mais importantes que as externas, não só pelo fato de serem mais confiáveis, mas também por serem informações de que a empresa dispõe e o concorrente não.

Além disso, as informações internas permitem identificar a capacidade da empresa em atender o mercado, analisando a capacidade produtiva, a capacidade financeira, a capacidade em relação aos colaboradores (gestão de pessoas), marketing, vendas e as demais áreas.

Para completar o sistema de informações ou, como já foi dito, a inteligência competitiva, temos o *database* marketing (banco de dados), no qual são arquivadas as informações de relacionamento. No banco de dados, a empresa pode arquivar essas informações, que são capturadas nos diversos pontos de contato (*front office* ou linha de frente) que pode disponibilizar para o cliente (telefone, internet, e-mail, vendedores etc.), e informações que podem ser adquiridas em outras bases de dados.

> O que é *database*? É uma coleção de dados inter-relacionados de clientes e transações que permite a oportuna busca ou usa daquelas informações para transformá-las em oportunidade de mercado. Em outras palavras, você pode utilizá-lo para segmentar lista de clientes, ou de *prospects*, identificar e prever tendências de compras, e personalizar suas comunicações de marketing para estes clientes ou *prospects*, de modo a assegurar o maior índice possível de resposta (KOBS, 1993, p. 318).

Além de capturar as informações, o banco de dados poderá disponibilizá-las para as diversas áreas da empresa, permitindo que ela tenha uma visão corporativa dos relacionamentos e, unindo as demais informações (internas, obtidas através dos relatórios gerenciais e de pesquisas de mercado), possa desenvolver uma estratégia mais personalizada e com resultados financeiros e mercadológicos positivos (Figura 1.8).

Percebemos, então, que a gestão do atendimento a clientes envolve uma série de atividades e estratégias em que o objetivo principal é satisfazer o cliente. Para isso, é necessário que a empresa faça um planejamento adequado de como será feito o atendimento, incorporando todos os processos nele envolvidos, orientando-os para o mercado, treinando e capacitando os profissionais que atuam na organização ou nos parceiros de negócios e que se relacionam direta ou indiretamente com os clientes.

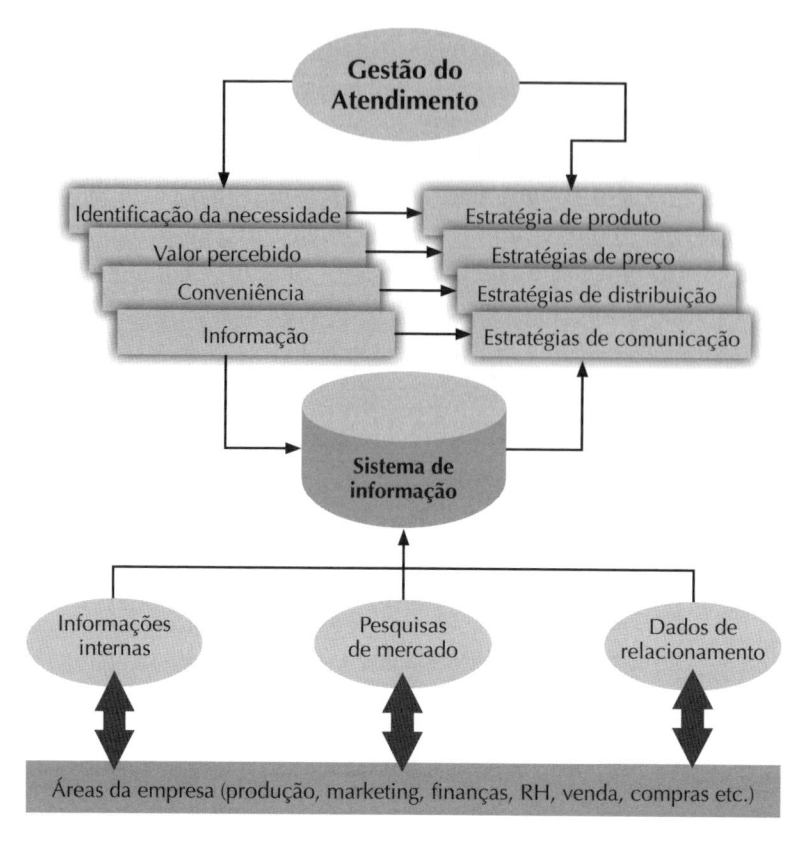

Figura 1.8 Gestão do atendimento e o sistema de informação de marketing.

1.3 FILOSOFIA BÁSICA DO ATENDIMENTO E RELACIONAMENTO: RESPEITO E ÉTICA

"Querer ter vantagem em tudo", "Vender a todo o custo", "Este mundo está cheio de bobos" são algumas das frases ou pensamentos geralmente utilizados por empresas que atuam de forma antiética e com profunda falta de respeito pelo consumidor e pela sociedade como um todo. Conforme Churchill (2005, p. 73), "a ética exige honestidade no trato com os clientes".

Ética não diz respeito só às coisas fora da lei, como roubar ou sonegar. As empresas podem estar dentro da lei e, ao mesmo tempo, ser antiéticas. A ética trata de regras que nos dizem se algo é bom ou mau. Tais regras são atribuídas pelas pessoas em conjunto, através de um acordo, "um pacto", e podem mudar com o tempo. A ética é um guia que dirige nossos passos. Significa respeito às pessoas. Ela nos mostra o que pode ferir os direitos e a liberdade dos outros.

A ética não deve ser um valor acrescentado, mas um valor intrínseco às atividades econômica e comercial de uma empresa. A empresa que pretende atuar de forma ética não deve ter espaço para a expressão "a qualquer preço", pois há preços que as pessoas não podem pagar, se é que deseja agir de forma respeitosa.

Além disso, o uso de princípios éticos (e humanos) na gestão do atendimento é o mais poderoso elemento para estabelecer um relacionamento harmonioso e duradouro com o cliente e os demais elementos que formam a aura de negócios, como fornecedores, intermediários, colaboradores, acionistas, entre outros. Agir de forma ética é dar-se ao respeito. Além disso, empresas que respeitam o consumidor também serão respeitadas por ele.

A ética empresarial deve ter como valores irrenunciáveis: a boa qualidade dos produtos e serviços; a honradez em suas práticas comerciais; o respeito mútuo nas relações internas e externas da empresa; a cooperação para o alcance da boa qualidade; a solidariedade; a compaixão; a criatividade; a iniciativa, entre outros.

Mas quantas vezes você já não ouviu alguém dizendo: "Esse produto não funciona da maneira que o vendedor me disse", ou então: "Na propaganda parecia bem diferente", ou até mesmo: "Eu nem tinha dinheiro para comprar, mas acabei comprando pela insistência do vendedor". Algumas pessoas, ao ler essas frases (fora do contexto da ética), podem até achar que o marketing cumpriu seu papel, mas atitudes assim afastam os consumidores e também geram uma comunicação negativa destes junto a todos com que se relacionam.

Desde 1990, os brasileiros dispõem de um importante instrumento de proteção: o CDC (Código de Defesa do Consumidor). Quando entrou em vigor, o CDC era visto como um dos mecanismos mais avançados em relação aos dos demais países. Com ele, foi possível fazer que a relação empresa-cliente desse um salto gigantesco, principalmente no que diz respeito ao lado do consumidor.

Sem dúvida, o CDC, em conjunto com o Procon, deu início a uma nova era na visão de atendimento, mas ainda há muito mais em que avançar. A quantidade de reclamações dos clientes e a falta de respeito das empresas ainda são muito grandes. Entre algumas das reclamações, temos:

- Produtos que não cumprem o prometido ou são de baixa qualidade.
- Produtos que estavam "fora de linha" (informação que não foi passada ao consumidor).
- Peças de substituição que têm preço superior ao do produto.
- Embalagens que contêm quantidade menor do produto do que a informada no rótulo. Promoções que induzem a compras acima das reais necessidades do consumidor.

- Anúncios enganosos que informam que a empresa vende mais barato, sendo que essa não é a verdade.
- Produtos em promoção não encontrados no ponto de venda (PDV).
- Preços apresentados no caixa que são diferentes daqueles indicados na gôndola ou nos cartazes de oferta.
- Produtos fora do prazo de validade.
- Informações sobre distribuição de prêmios falsos.
- Informações confusas ou falta de informações no manual do produto.

No que diz respeito às questões diretas de responsabilidade da equipe de atendimento, quem nunca reclamou por ter ficado horas em uma fila interminável ou recebeu um telefonema ou uma mensagem irritante no celular em dia ou horário inoportuno, ou até mesmo teve sua caixa de correio (e-mail) lotada de anúncios oferecendo produtos indesejáveis? A lista de situações que levam a reclamações pode ser imensa, o que demonstra que a empresa deve incluir em suas estratégias mercadológicas muito mais do que produtos, preço, distribuição e comunicação, mas também respeito e ética.

> Além das estratégias de estabelecimento de preços expressamente proibidas por lei, existem outras considerações legais, mas de valor ético duvidoso. Preços que confundem o cliente, por exemplo, podem não ser éticos. Alguns preços, como as tarifas aéreas, têm estrutura tão complexa que podem ser difíceis de entender (CHURCHILL, 2005, p. 330).

Na visão moderna de atendimento, a empresa deve incluir o respeito e a ética não apenas para atender à legislação, mas como parte integrante da cultura organizacional (Figura 1.9). Para isso, esses dois elementos devem fazer parte não apenas do relacionamento com o consumidor, mas de todos os relacionamentos: com colaboradores, fornecedores, acionistas, intermediários, entre outros.

No dia a dia, a gestão ética das empresas não é uma das tarefas mais fáceis, porque a empresa deve analisar a característica e o perfil do consumidor e os elementos relativos à sociedade, como cultura e valores, para depois definir, explicitar e divulgar os "princípios éticos" a serem colocados em prática pela organização e em todas as suas atividades, áreas de atuação e relacionamentos.

Esses princípios devem incorporar respeito, profissionalismo, transparência, credibilidade, clareza, confiança e integridade, devendo ser aplicados a todas as relações, ou seja, com colaboradores, fornecedores, acionistas, intermediários, consumidores e a sociedade como um todo. Vale lembrar que esses

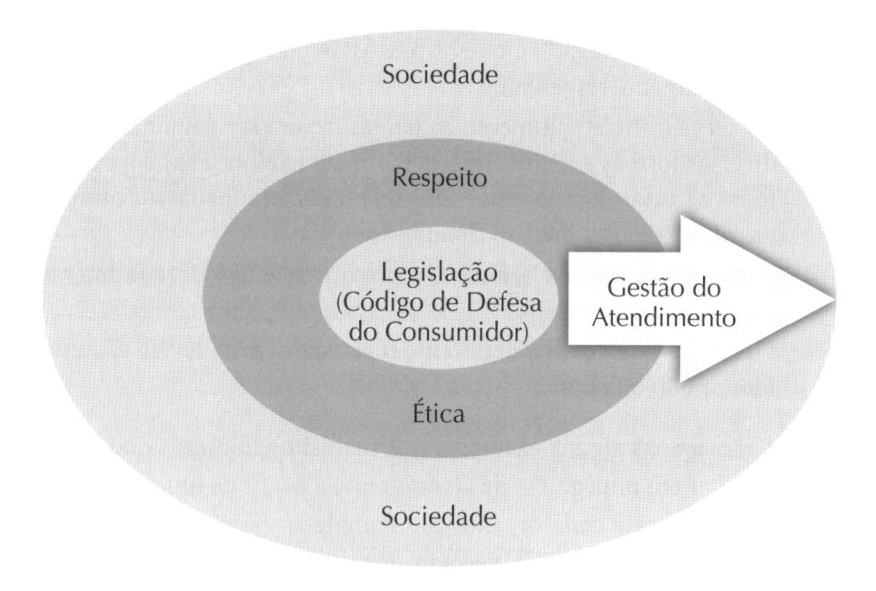

Figura 1.9 Gestão do atendimento baseada no respeito e na ética.

princípios devem ser estabelecidos como uma conduta não apenas organizacional, mas também individual/pessoal.

As estratégias mercadológicas em relação às políticas de produto, preço, distribuição e comunicação devem incorporar esses princípios, e o atendimento ao cliente deve reforçar essas práticas. Vejamos alguns requisitos éticos básicos do atendimento ao cliente:

- O consumidor deve ser informado sobre todos os pagamentos, taxas e obrigações que ficarão por sua responsabilidade.
- Não devem ser oferecidos produtos com baixa qualidade ou que não estão de acordo com a legislação vigente.
- O consumidor deve ter acesso a todas as características do produto e funcionamento e aos riscos envolvidos de sua utilização.
- Não deve ser oferecido um produto com prazo de validade muito curto ou que vai entrar na condição "fora de linha" (a menos que o consumidor seja devidamente avisado disso e concorde com a condição oferecida).
- O consumidor deve ter o direito de manifestar sua contrariedade quanto à forma de contato adotada, e a empresa deverá atender e respeitar sua vontade.

- A empresa deve garantir que o produto atenda plenamente ao que foi oferecido e divulgado e que os prazos de entrega estabelecidos sejam rigorosamente respeitados.
- Os serviços de atendimento a clientes devem ser disponibilizados de diversas formas e meios (internet, e-mail, telefone etc.) e garantir que todas as informações solicitadas sejam encaminhadas e acompanhadas até a resposta final ao cliente.
- A comunicação deve ser clara, transparente e não deve induzir a um consumo desnecessário.
- Os preços praticados não devem ser abusivos, nem devem caracterizar monopólio ou cartel.

Esses são apenas alguns exemplos dos requisitos mínimos que uma empresa deve adotar em uma gestão de atendimento a partir de uma conduta ética e responsável. Caberá a cada organização completar esses princípios, sempre observando as características do negócio de atuação, do mercado, da legislação vigente, das características do consumidor e a expectativa da sociedade. Vale destacar que, para um consumidor cada vez mais consciente e atento, agir de forma ética e responsável também pode ser um elemento que se estabeleça como diferencial competitivo. Digo que "pode ser" porque nem todo segmento de consumidor está nesse estágio de consciência social.

1.4 PROCESSOS ORGANIZACIONAIS ORIENTADOS PARA O MERCADO

Os processos organizacionais são o conjunto de atividades realizadas de forma sincronizada desenvolvidas por uma empresa com o objetivo de atender às necessidades do cliente, produzindo um valor agregado superior ao do concorrente e trazendo um resultado satisfatório para o negócio.

> Uma importante mudança que ocorreu no nosso modo de pensar no que se refere à organização tem sido a percepção da importância dos processos. Processos são os modos como as empresas criam valor para seus clientes; são fundamentais e, até certo ponto, genéricos pelos tipos de negócios (BAKER, 2005, p. 345).

Podemos identificar um processo organizacional a partir de alguns pontos importantes: ENTRADA + PROCESSAMENTO + SAÍDA = SATISFAÇÃO DO CLIENTE e LUCRO PARA A EMPRESA.

Do ponto de vista de uma atividade comercial, a *entrada* é a identificação da necessidade pela empresa; o *processamento* é a etapa do conhecimento dessa necessidade e de sua transformação em ações organizacionais com o objetivo de que ela seja atendida de alguma forma (desenvolvimento de produtos e serviços); e a *saída* refere-se ao conjunto de estratégias que ajudarão o público-alvo da empresa a perceber o valor oferecido por ela (estratégia de comunicação) e à conveniência para poder adquirir produtos e serviços (política de distribuição). Apesar de o momento da verificação da satisfação do cliente e do lucro da empresa, muitas vezes, ser aferido somente ao final do processo, este deve ser acompanhado em cada etapa anterior à saída (entrada e processamento).

Conforme Baker (2005, p. 346), "processos são horizontais no sentido que atravessam várias funções verticais e, por definição são interdisciplinares e transfuncionais". Neste livro, consideraremos três processos de negócios em que o foco é a gestão do atendimento:

- Processo de Relacionamento com o Mercado (PRM), que retrata a entrada.
- Processo de Atendimento ao Mercado (PAM), que se refere ao processamento.
- Processo de Pós-Venda (PPV), que indica a saída.

O ponto de partida, portanto, é o PRM, cujos objetivos são a identificação do mercado-alvo e a busca por informações pertinentes através de um contato próximo e com a disponibilização de canais de relacionamento adequados. Nesse processo, a empresa determina quais são seus potenciais clientes e quais são aqueles com que deseja se relacionar (segmentos de clientes), captando informações sobre suas características, comportamentos, perfil, atitude no momento da compra etc. Essas informações ajudarão a empresa a descobrir o "valor do cliente" e servirão, portanto, de base para o desenvolvimento de uma estratégia de negócio melhor.

> Concentrar-se no cliente sempre foi, e sempre será, um fundamento essencial de um negócio orientado para o mercado. Contudo, hoje, é preciso que o negócio seja orientado para ideias e informado em relação ao cliente em que a organização amplie seu conhecimento e utilize de tal modo que criem valor para clientes. No mercado de hoje, o gerenciamento do conhecimento é um elemento crítico do atendimento ao mercado (BAKER, 2005, p. 346).

Para ter informações e conhecimento sobre o cliente, a empresa necessita dispor de um eficiente sistema de informação de mercado, como já mencionado. A pesquisa de mercado, o *database* marketing e as informações gerenciais têm um papel fundamental nessa primeira etapa. A partir das informações sobre o mercado, a empresa poderá identificar quem são seus possíveis clientes e qual seu potencial de desenvolvimento.

Segundo Kotler e Keller (2006), o cliente deve ser analisado e é preciso verificar seu potencial de desenvolvimento. Em um primeiro momento, a empresa identifica todos os possíveis clientes, ou seja, aqueles que têm o potencial de compra de um produto ou serviço. A partir daí, separa-os de acordo com suas características de compra, ou seja, clientes eventuais, clientes regulares e preferenciais, e "fidelizados" ou, conforme os autores, "defensores".

> A segmentação por tipo de cliente permite que os profissionais de marketing ajustem o composto de marketing às necessidades únicas de tipos em particular de organizações ou indústrias. Muitas empresas estão descobrindo que essa forma de segmentação é muito efetiva (LAMB, 2004, p. 221).

O objetivo da estratégia de relacionamento é converter os clientes em clientes eventuais, depois em regulares, depois em preferenciais e, por fim, alcançar o objetivo máximo, que são os clientes fidelizados ou defensores, ou apenas desenvolver uma ação mais adequada para cada tipo (Figura 1.10). Dependendo da estratégia, essa evolução pode não ocorrer exatamente dessa forma, portanto, um cliente pode ser convertido de eventual diretamente para fidelizado. Há também o risco, no caso de uma estratégia equivocada, de um cliente fidelizado se tornar eventual.

Clientes potenciais → Clientes eventuais → Clientes regulares → Clientes preferenciais → Clientes fidelizados ou defensores

Estratégia de Relacionamento

Figura 1.10 Desenvolvimento do cliente através da estratégia de relacionamento.

Segundo Churchill (2005, p. 513), "qualificar clientes potenciais envolve determinar se eles de fato estão propensos a comprar e se atendem aos requisitos do comprador".

Os clientes eventuais são aqueles que compram somente em certas ocasiões, ou seja, quando a empresa oferece uma condição especial (promoção) ou pela conveniência que é oferecida naquele momento. Geralmente, não são fiéis a um produto, marca ou empresa, pois estão sempre buscando uma condição mais favorável.

Os clientes regulares são os que adquirem periodicamente o produto ou serviço, mas não no total de sua potencialidade em relação ao negócio ou com potencial identificado muito pequeno em relação à proposta da empresa. Por exemplo, o cliente poder ir a um supermercado regularmente, mas apenas comprar o mínimo, devido a seu baixo rendimento.

> O volume de compras (grande, médio, pequeno) é uma base de segmentação normalmente utilizada para o mercado organizacional. Outra é o tamanho da organização, que pode afetar seus procedimentos de compra, tipos e quantidades de produtos de que ela necessita e suas respostas a diferentes tipos de composto de marketing (LAMB, 2004, p. 221).

Diferentemente dos clientes regulares, os clientes preferenciais, além de comprarem periodicamente, adquirem o máximo de sua potencialidade ou seu potencial de compra é alto em relação à oferta da empresa. Já a diferença entre o cliente preferencial e o "fidelizado" ou "defensor" está no fato de o primeiro grupo ainda estar muito sujeito à ação do concorrente, enquanto o segundo grupo resiste mais a essas ações. Além de comprar periodicamente no máximo de sua potencialidade ou com potencial alto em relação à proposta da empresa, o grupo de clientes "fidelizados" ou "defensores" divulga, na maioria das vezes de forma positiva, o produto ou a marca para suas redes de relacionamento. Tratamos aqui como "maioria das vezes" porque há clientes que, mesmo fidelizados, não têm o hábito de comentar os produtos, serviços ou marcas que utiliza.

As metas da estratégia de marketing, segundo Churchill (2005, p. 514), são: "aprender mais sobre as necessidades do cliente, obter a atenção e estimular o interesse". Ou seja, conhecendo mais sobre cada um desses grupos de clientes, a empresa deverá desenvolver uma estratégia de marketing mais adequada, levando em conta suas características e seu perfil, sendo esse o papel principal do marketing de relacionamento.

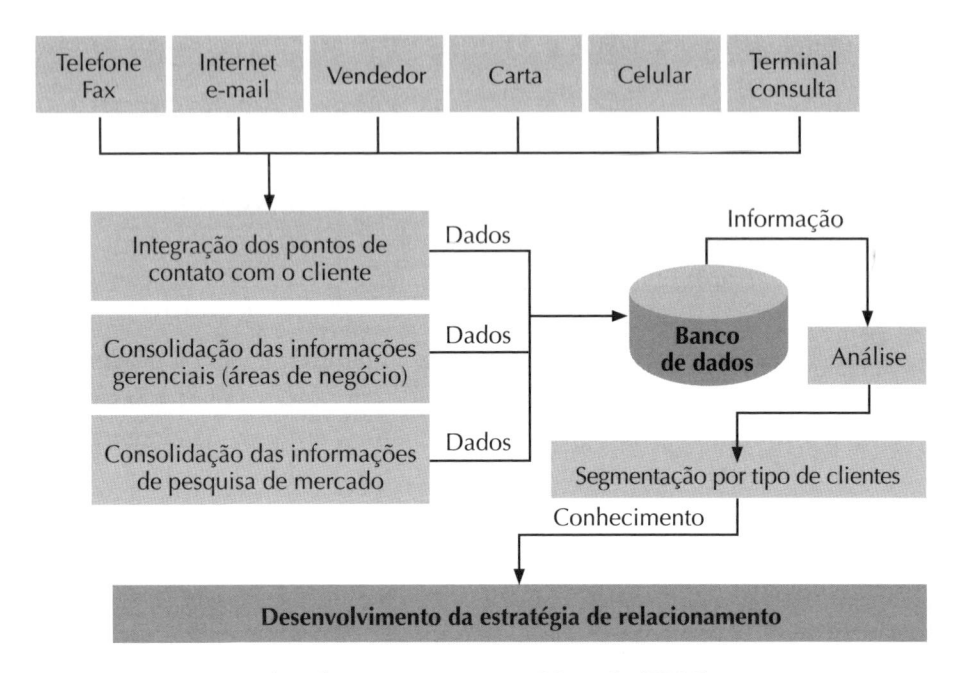

Figura 1.11 Processo de Relacionamento com o Mercado (PRM).

Na etapa referente ao PRM, a empresa deve oferecer, integrar e gerenciar todos os pontos de contato necessários para que o público-alvo possa interagir com a empresa. É através desses pontos de contato que a empresa vai capturar informações valiosas sobre o mercado. Os principais pontos de contato são: telefone (serviços de atendimento a cliente), vendedores, e-mail, internet, celular, cartas (mala direta), terminais de consulta ou atendimento, entre outros.

Conforme indicado na Figura 1.11, os dados provenientes dos pontos de contato devem ser reunidos com as informações das pesquisas e as informações gerenciais sobre o cliente que estão disponíveis nas diversas áreas organizacionais e, também, sobre a capacidade do negócio através de um banco de dados. A partir do banco de dados, a empresa poderá analisar da forma mais eficiente o comportamento do cliente, transformando dados em informações, e desenvolver uma estratégia de relacionamento mais adequada a partir do conhecimento adquirido.

A partir do PRM, a próxima etapa é o PAM, cujo objetivo é analisar a viabilidade da estratégia em relação ao negócio da empresa e planejar as ações organizacionais necessárias para pôr o conhecimento em prática. Fundamentalmente, a etapa de PAM refere-se ao planejamento estratégico do negócio.

Segundo Campomar (2006), a expressão *planejamento estratégico* significa planejar a estratégia, os meios para atingir os fins e os objetivos de uma empresa, considerando determinado ambiente mercadológico e a estratégia definida para o negócio. Lembramos que o principal objetivo da estratégia de marketing de uma empresa é garantir que suas capacidades internas sejam compatíveis com o ambiente competitivo do mercado (externo) em que atua ou deseja atuar, não apenas no presente, mas também no futuro previsível.

> Não pode haver dúvida que o planejamento é essencial quando consideramos o ambiente cada vez mais hostil e complexo em que as empresas funcionam. Centenas de fatores externos e internos interagem de um modo desorientadoramente complexo afetando a maneira das empresas conduzirem seus negócios (MACDONALD, 2004, p. 22).

Com a evolução da TI e a aplicação de ferramentas como *Enterprise Resource Planning* (ERP) e *Supply Chain Management* (SCM), tornou-se fundamental a etapa do PAM, pois ela permite que a organização desenvolva um planejamento de forma integrada. Os principais benefícios são: tomada de decisão mais rápida e segura; ações em sinergia entre os vários departamentos e áreas, parcerias ou alianças, redução dos custos de processo e de trabalho, controle e auditoria de todas as etapas etc.

O objetivo do ERP é controlar e fornecer suporte a todos os subprocessos operacionais da empresa, como os produtivos, os administrativos, os financeiros e os comerciais. Todas as transações realizadas pela empresa devem ser registradas para que as consultas extraídas do sistema possam refletir o máximo possível sua realidade operacional (DAVENPORT, 2002).

Podemos definir o ERP como um sistema de gestão empresarial constituído pela tecnologia de banco de dados, um aplicativo integrado e uma interface completa para os colaboradores da empresa, devendo adequar-se à estratégia do negócio e criar interface com todas as áreas organizacionais (vendas, compras, produção, marketing, finanças, entre outras). Esse sistema disponibiliza as informações contidas no ERP através de funções que ajudarão os colaboradores e gestores a planejar, monitorar e controlar os negócios da empresa, bem como a acompanhar o desenvolvimento da estratégia.

O PAM é um mecanismo extremamente importante por meio do qual a estratégia é transformada em ações organizacionais com o objetivo de criar valor para o cliente. Essa etapa deve abranger desde a manutenção até, se for o caso, a criação e o desenvolvimento de novos produtos e serviços, nova formas e maneiras de atender ao cliente, estratégias integradas com parceiros e fornecedores, novos modelos de canais de comunicação, comercialização etc.

Por isso, além do ERP, que permite o planejamento e a integração de todas as áreas organizacionais, é fundamental ampliar essa visão para toda a cadeia de negócios (cadeia de distribuição), integrando também toda cadeia de abastecimento que requer cooperação e parceria, pré-requisitos essenciais para obtenção de benefícios mútuos a longo prazo.

O gerenciamento da cadeia de suprimentos, também chamado de SCM, é o recurso que permite a integração da organização com as demais empresas envolvidas no processo produtivo, a fim de que possam funcionar como um todo e de maneira otimizada (inteligente). A maioria dos sistemas ERP existentes no mercado já incorporou funcionalidades de SCM e CRM, apresentando a ideia de que, após a integração dos processos internos, surge a necessidade de integrar toda a cadeia em um único processo logístico.

Por fim, temos o PPV, que se refere à saída. O relacionamento entre a empresa e o cliente não termina quando a venda é realizada; pelo contrário, ele deve ir se intensificando, o que ajudará o cliente a decidir-se por fazer novas compras no futuro.

Gerenciar a pós-venda de forma eficiente e eficaz vai definir a fidelização ou rejeição do cliente em relação a um produto ou marca. Entre as atividades relativas à pós-venda, temos:

- Utilização dos meios adequados para estabelecer o relacionamento com o cliente (pontos de contato).
- Identificação da satisfação do cliente em relação ao produto e ao serviço prestado (Sistema de Informação de Mercado).
- Oferta de tratamento adequado às opiniões, reclamações e sugestões dos clientes (processos organizacionais orientados para o mercado).

O cuidado e a atenção da empresa para com as atividades de pós-venda também são denominados por alguns autores como *marketing de pós-venda* ou *marketing de relacionamento*. Segundo Vavra (1993), o objetivo do marketing de pós-venda é manter os clientes satisfeitos após a aquisição do produto; aumentar a chance de os clientes realizarem uma recompra ou se tornarem fiéis a um produto, marca ou empresa; blindar os clientes em relação às ações dos concorrentes; recuperar clientes perdidos e prospectar novos a partir de indicações realizadas pelos clientes atuais.

> Sua próxima venda, próxima ideia, próximo sucesso dependem muito dos seus relacionamentos externos. Um bom relacionamento é um ativo importante. Podemos investir em relacionamentos e nos servir deles. Fazemos tudo isso, porém raramente o percebemos e quase nunca administramos o relacionamento. E, no entanto, o bem mais precioso de uma empresa está em suas relações. Não se trata de quem você conhece, mas como você é conhecido deles. Esta é uma função da natureza do seu relacionamento com eles, e depende de como esse relacionamento foi administrado (LEVITT, 1985).

Segundo Vavra (1993), algumas das razões mais comuns que levam os clientes a abandonar uma empresa são as seguintes:

- Insatisfação com o produto ou serviço, forma de entrega, instalação, comunicação, forma de distribuição ou preço. Mesmo que um cliente aceite desculpas por atraso na entrega, embalagem inadequada e até por receber produtos de qualidade inferior, é improvável que no mundo competitivo de hoje ele permaneça leal em face das situações descritas.
- Dificuldade da empresa em lidar com reclamações ou direcionamento inadequado. Essa é uma situação em que uma única insatisfação pode levar um cliente a desejar não mais se relacionar com a empresa. Se um cliente sente que sua reclamação foi ignorada ou a resposta demorou a chegar, existem chances de que ele procure outra empresa para atendê-lo. Qualquer desentendimento com os colaboradores aumenta, substancialmente, a possibilidade de se perder um cliente.
- Desaprovação de mudanças na organização ou nas estratégias de marketing. Os relacionamentos com clientes são muito vulneráveis a qualquer mudança em relação à política de produtos, preço, distribuição e comunicação. Alguns clientes podem ficar tão insatisfeitos ao ponto de parar de comprar imediatamente e indicar negativamente a empresa a seus relacionamentos.
- Insatisfação com o atendimento. Frequentemente, os clientes atuais não recebem a atenção e a cortesia que merecem ou a forma de atendimento está inadequada a seu perfil e características.

A empresa deve estar atenta à manifestação de insatisfação ou a algum erro em relação à estratégia desenvolvida que possam gerar insatisfação. Além disso, deve ser ágil no encaminhamento do problema e no acompanhamento das ações que levem à correção dos motivos que levaram à insatisfação. Mas a satisfação também é algo importante de se medir e identificar. Saber quais estratégias estão dando certo e quais trouxeram o melhor resultado é importante para realimentar os processos e sinalizar que a empresa está no caminho correto, pois corrigiu o erro.

A partir da expectativa do PPV, as estratégias mercadológicas da empresa junto ao mercado se unem a outras atividades importantes, como os SACs, que possibilitam comunicação e interação com o cliente não apenas para oferecer a ele produtos ou serviços, mas também para capturar informações sobre sua satisfação ou a existência de possíveis insatisfações. Para esses serviços, a empresa vem se utilizando principalmente dos serviços 0800 (discagem direta gratuita para a empresa) e Fale com a Empresa (internet ou e-mail).

Na Figura 1.12, temos a união das três etapas do processo de atendimento (PRM, PAM e PPV) e suas principais atividades relacionadas ao atendimento ao cliente. Para que esses processos não atuem de forma isolada, é necessária uma visão ampliada das atividades de atendimento e relacionamento com o cliente. O CRM, ou gestão do relacionamento com o cliente, é o conceito que une essas etapas.

A proposta do CRM, portanto, é gerenciar o relacionamento com o cliente desde a fase de entrada (PRM), durante o processamento (PAM) até a saída (PPV). Aliado a uma estratégia eficiente de relacionamento e alinhando o composto à capacidade organizacional, o CRM pode se transformar no principal diferencial das empresas que querem sobreviver em um mercado tão competitivo como o atual.

Somente com o entendimento e a utilização de todos os conceitos apresentados sobre os processos, é possível compreender a finalidade e os resultados possíveis de se obter com as estratégias de marketing de relacionamento. Muitos benefícios – além dos lucros diretos – são obtidos quando a empresa tem o foco no cliente e aplica corretamente as ferramentas de gerenciamento do atendimento.

Gestão do atendimento e relacionamento 47

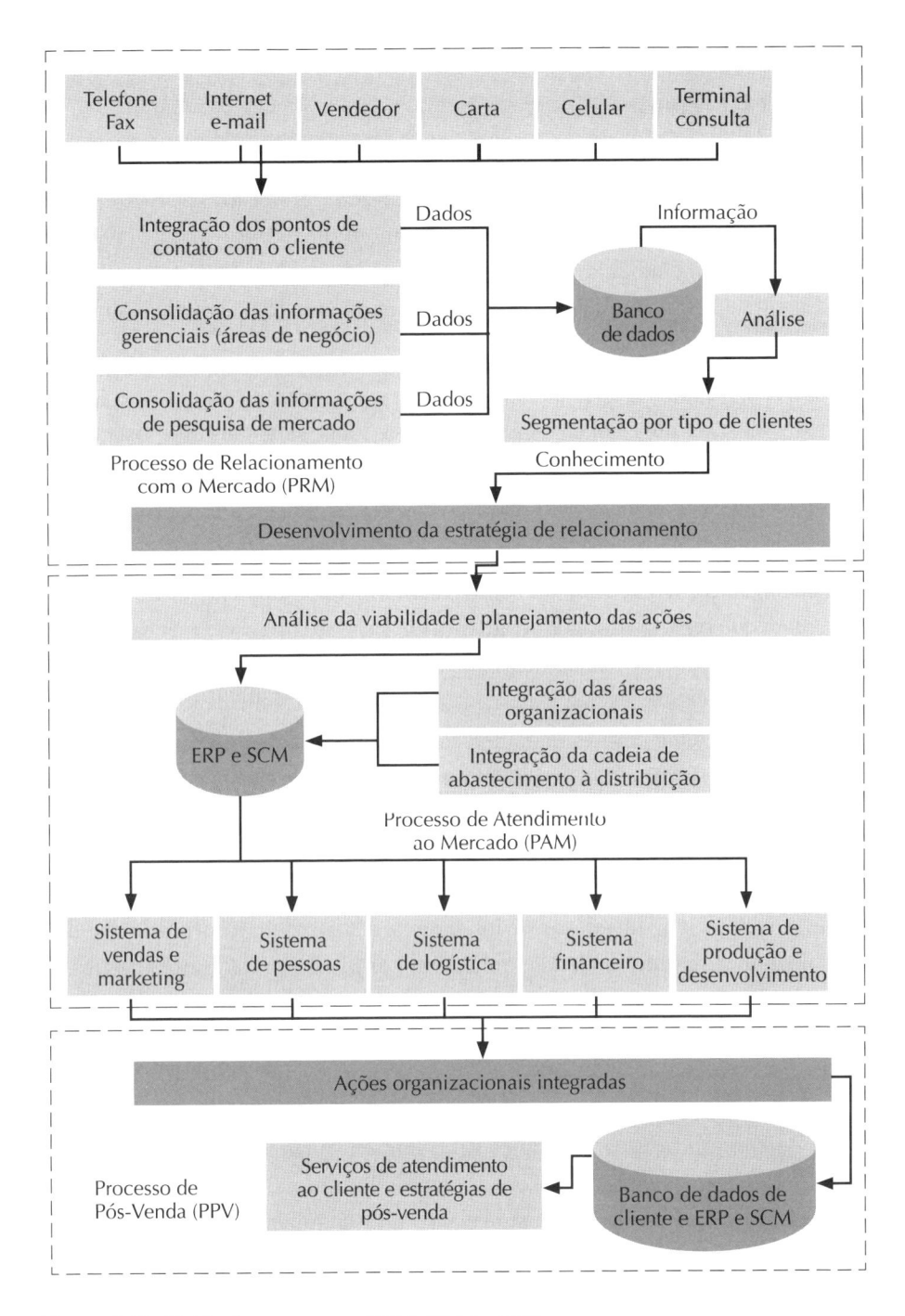

```
┌─────────────────────────────────────────────────────────────────────────┐
│  [Telefone/Fax]  [Internet/e-mail]  [Vendedor]  [Carta]  [Celular]  [Terminal consulta]
│
│         Integração dos pontos de         ──Dados──┐        ┌──Informação──┐
│         contato com o cliente                     │        │              │
│                                                   ▼        │              ▼
│         Consolidação das informações     ──Dados──▶  Banco           Análise
│         gerenciais (áreas de negócio)               de dados
│
│         Consolidação das informações     ──Dados──┘
│         de pesquisa de mercado                         Segmentação por tipo de clientes
│   Processo de Relacionamento                    ──Conhecimento──
│   com o Mercado (PRM)
│         Desenvolvimento da estratégia de relacionamento
└─────────────────────────────────────────────────────────────────────────┘
┌─────────────────────────────────────────────────────────────────────────┐
│         Análise da viabilidade e planejamento das ações
│                                    ┌── Integração das áreas organizacionais
│              ERP e SCM   ◀─────────┤
│                                    └── Integração da cadeia de abastecimento à distribuição
│                    Processo de Atendimento ao Mercado (PAM)
│   [Sistema de vendas e marketing] [Sistema de pessoas] [Sistema de logística] [Sistema financeiro] [Sistema de produção e desenvolvimento]
└─────────────────────────────────────────────────────────────────────────┘
┌─────────────────────────────────────────────────────────────────────────┐
│                Ações organizacionais integradas
│
│   Processo de        Serviços de atendimento
│   Pós-Venda (PPV)    ao cliente e estratégias de  ◀──  Banco de dados de
│                      pós-venda                         cliente e ERP e SCM
└─────────────────────────────────────────────────────────────────────────┘
```

Figura 1.12 União dos processos PRM, PAM e PPV.

1.5 QUALIDADE NO ATENDIMENTO E RELACIONAMENTO AO CLIENTE

Deve ter ficado claro que em um mercado competitivo somente a qualidade do produto ou serviço não é, se visto de forma isolada, responsável pelo diferencial em relação aos concorrentes, tanto diretos como indiretos. A qualidade do atendimento também é um fator estratégico para a empresa. Ter um produto de qualidade é uma obrigação e atender ao cliente com qualidade é o grande diferencial.

> Entendemos a "qualidade" como sendo um conjunto de propriedades de um serviço (produto) que o tornam adequado à missão de uma organização – empresa concebida como resposta às necessidades e legítimas expectativas de seus clientes (MEZOMO, 2001, p. 73).

A qualidade não apenas se refere ao produto ou ao serviço, mas, também, à forma como é comercializado ou como o cliente é atendido, seja qual for o ponto de contato que resolva adotar. Não adianta um produto ou serviço ser muito bom tecnicamente ou ser produzido dentro de rigorosos padrões de qualidade, se a forma como os profissionais que atuam na empresa tratam o cliente for inadequada.

Assim, não é a empresa que determina o grau de qualidade em relação a um produto ou serviço, e sim o próprio mercado em que ela atua. Portanto, para definir o nível de qualidade, a empresa deve pesquisar junto ao mercado qual é o grau de expectativa em relação a um produto ou serviço.

A qualidade percebida, ou as expectativas do cliente em relação a um produto ou serviço, advém de vários fatores: a forma como o produto é disponibilizado no ponto de venda; a maneira como ele é tratado nos momentos de contato, seja pessoalmente, seja através dos meios eletrônicos (internet e e-mail); como são os serviços de assistência técnica etc. Muitas das percepções em relação à qualidade são subjetivas, como, por exemplo, a flexibilidade em relação ao produto ou sua comercialização, a competência em relação às estratégias de comunicação, a segurança no tratamento das informações coletadas pelo cliente, a apresentação pessoal dos profissionais que atuam na empresa, o conhecimento dos profissionais em relação ao funcionamento de um produto ou sobre o serviço que será executado, a honra aos "acordos" que são realizados durante a comercialização (entrega no prazo determinado, por exemplo), a responsabilidade com que a empresa age durante todo o processo de comercialização, o comportamento ético adotado, entre outros fatores.

Segundo o *American Society Quality Control* (apud KOTLER, 2006, p. 145),

> qualidade é a totalidade dos atributos e características de um produto ou serviço que afetam a capacidade de satisfazer necessidades declaradas ou implícitas. Essa é uma definição claramente voltada para o cliente. Podemos dizer que a empresa fornece qualidade sempre que o produto ou serviço atende as expectativas do cliente ou as excede. Uma empresa que satisfaz a maioria das necessidades dos clientes durante a maior parte do tempo é denominada empresa de qualidade.

Para Lopes Filho (2006, p. 41), "os clientes e consumidores desenvolvem a percepção de qualidade de um produto/serviço com base nas experiências de compra e nas avaliações pós-compra". Para o autor, o consumidor analisa as diversas opções que o mercado oferece e que atendem a mesma necessidade, analisando aquela que apresenta o maior valor agregado a um preço mais adequado a suas possibilidades.

Então, vale reforçar que a percepção de qualidade envolve não apenas as características do produto, mas também os serviços associados, preços, formas de distribuição, comunicação e atendimento de maneira geral.

> Em termos psicológicos, muitos clientes/consumidores supõem que a qualidade de um produto/serviço está diretamente relacionada com o preço. Neste caso, um preço elevado praticado por empresas "sabidas" servirá como indicador de qualidade. [...] Mas cuidado, hoje, na era da informação digital, qualidade alta de um produto ou serviço não implica preços altos; e preços baixos nem sempre significam produtos de baixa qualidade. Portanto, qualidade elevada ou baixa não pressupõe, necessariamente, um valor/preço elevado ou baixo do produto (LOPES FILHO, 2006, p. 41-42).

Percebemos que o conceito de qualidade não está associado apenas à conformidade e às especificações, mas deve estar fundamentado em uma visão estratégica orientada para o mercado, cujo real objetivo é a satisfação do cliente. Além disso, a qualidade do atendimento deve ser fruto de uma gestão adequada da "qualidade total", em que a empresa leve em consideração todos os relacionamentos (fornecedores, parceiros, colaboradores, acionistas e sociedade como um todo).

Conforme já mencionamos, a qualidade do relacionamento com todos os envolvidos será determinada em razão da eficiência e da eficácia em relação à adequação dos processos às exigências do mercado, TI aplicada com o objetivo de tomar decisões de marketing, e pessoas treinadas e capacitadas para a função de atendimento previsto no planejamento (Figura 1.13).

```
                    Qualidade no atendimento
        ┌──────────┬──────────┬──────────┬──────────┐
   Consumidores Fornecedores Parceiros Colaboradores Sociedade
              Gestão do atendimento ao cliente
      Tecnologia              Processos              Pessoas
```

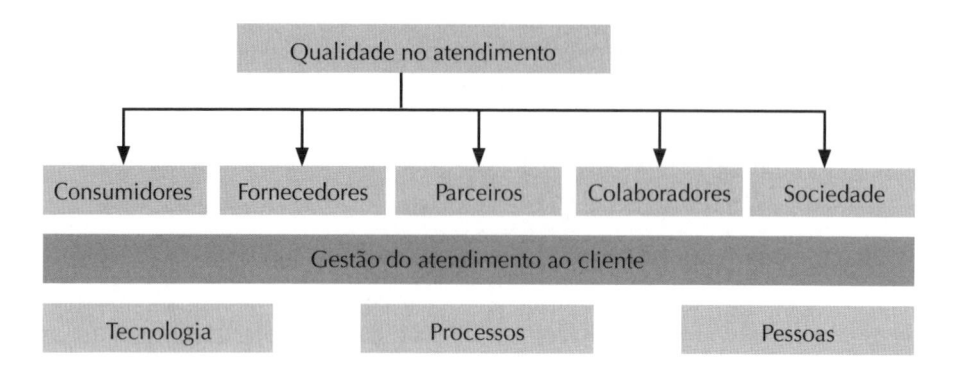

Figura 1.13 Qualidade no atendimento ao cliente.

Do ponto de vista da gestão de atendimento ao cliente, podemos resumir a qualidade como a capacidade da empresa em atender às necessidades do mercado de forma mais eficiente do que o concorrente e, também, de atender a suas próprias necessidades em relação ao negócio.

É necessário, mais uma vez, deixar claro que a empresa deve deslocar o foco do produto para o cliente e incorporar a visão da qualidade no atendimento a todos os integrantes da empresa (incluindo as demais áreas que interagem direta ou indiretamente com o cliente).

Segundo Barros,

> a empresa que mantém seus clientes felizes é virtualmente imbatível. Seus clientes são mais leais. Eles compram mais, com mais frequência. Eles estão dispostos a pagar um pouco mais por produto da empresa e a permanecer vinculados a ela através de períodos difíceis, dando-lhe tempo para adaptar-se às mudanças (BARROS, 1999, p. 39).

Como podemos observar através do pensamento de Stevenson (2001, p. 327): "a moderna gestão da qualidade é mais voltada para a prevenção de erros do que para sua identificação depois da ocorrência. Atualmente, a comunidade empresarial demonstra um amplo interesse em melhorar a qualidade e competitividade".

A qualidade do atendimento, portanto, deve ser parte integrante da cultura organizacional, e a empresa deve ficar atenta às mudanças de expectativas do cliente e adaptar-se às novas exigências. Deve observar, também, o comportamento do concorrente em relação ao público-alvo da empresa e tendências do mercado em relação ao consumo de produtos e serviços. Bem, então, quando se trata de qualidade, estamos falando de puro marketing!

ESTUDO DE CASO – SERÁ QUE A MELANCIA DO SIDNEI É MAIS GOSTOSA?

Em uma avenida próxima de onde moro, alguns caminhões de melancia ficam estacionados comercializando o produto para quem faz diariamente esse trajeto.

Todos esses pequenos varejistas praticam um preço parecido e, provavelmente, as melancias são adquiridas do mesmo distribuidor. Os caminhões, que funcionam como uma espécie de ponto de venda (e realmente são!), não têm nenhum trabalho promocional ou de *merchandising* mais sofisticado, ou seja, não têm estudos de iluminação, *layout*, cor, posição nas gôndolas, folhetos, cartazes etc. Ah, degustação tem sim!

Mas o que eles fazem, então, para que tantos carros parem para comprar o produto diariamente? Bem, a conveniência do ponto é, sem dúvida, um fator fundamental. E por que eles escolhem determinado comerciante entre tantos outros que ficam ali? Será apenas sorte?

Alguns pontos que venho observando são a simpatia e o carisma que um comerciante chamado Sidnei oferece e que, somados, tornam o produto dele diferente do produto dos demais. Ele sempre recebe as pessoas com um sorriso estampado no rosto. Além disso, jamais esconde a característica do produto: se a melancia está boa, ele diz "Pode levar tranquilo!"; se não está, ele recomenda: "Melhor não levar!". Honestidade e franqueza na relação comercial são fundamentais para cativar o cliente.

As melancias podem ser até iguais, mas o atendimento do Sidnei é completamente diferente. Enquanto você está comprando o produto, ele pergunta da família do cliente, sabe o nome de cada integrante, lembra-se exatamente do comentário feito dias atrás, leva o produto até o carro e coloca-o adequadamente no porta-malas, entre outros serviços que distinguem seu ponto do ponto dos demais.

Não precisa nem dizer que sou um consumidor fiel do produto e do ponto do Sidnei. Muitas vezes, encontrei produto mais barato ou mais conveniente, mas foi impossível comprá-lo, por causa da sensação de "traição" que tal ato me daria.

Resolvi trazer esse minicaso de uma relação comercial que, apesar de não utilizar as ferramentas tecnológicas disponíveis para gestão do atendimento e do relacionamento, demonstra claramente que se trata muito mais de uma atitude baseada em ética do que de megacampanhas promocionais.

Se lermos esse minicaso com atenção, veremos que ele apresenta todos os princípios básicos do atendimento e do relacionamento tratados até aqui. Quando Sidnei pergunta "sobre a família" do cliente e outras questões pessoais, está identificando o cliente; quando oferece um produto mais adequado, está dando sequência ao atendimento, adaptando a necessidade à oferta; quando age com ética e responsabilidade na relação com o cliente, no momento em que lhe diz "Melhor não levar!", está completando o atendimento e levando o cliente à satisfação.

Gosto desse minicaso porque ele me possibilita desmistificar alguns pontos em relação ao marketing de relacionamento. O primeiro é de que só é possível desenvolver o marketing de relacionamento fazendo grandes investimentos em TI. Bobagem! A tecnologia é importante ao se administrar uma base de clientes maior, mas o princípio que rege o pequeno também se aplica ao grande. O segundo é achar que apenas a qualidade do produto e sua localização são pontos decisivos para conquistar e manter um cliente. E o terceiro diz respeito a acreditar que os meios de comunicação são elementos de persuasão mais efetivos do que o carinho e a atenção.

Gostou desse minicaso? Mande suas opiniões ou situações vivenciadas no seu dia a dia que demonstrem a prática dos conceitos desenvolvidos neste capítulo. Pode encaminhar para meu e-mail: <zenone.luiz@hotmail.com> com o título (assunto) "Casos de Atendimento e Relacionamento".

RESUMO DO CAPÍTULO

Neste capítulo, foram abordados os princípios básicos que devem reger o atendimento e o relacionamento e que serão aprofundados mais adiante neste livro. No mercado atual, além de ter à sua disposição uma grande quantidade de informações, devido à internet e a outros meios de comunicação, o consumidor tem, também, um conjunto de opções que crescem dia após dia em empresas que oferecem soluções equivalentes para seus problemas e suas necessidades).

Isso leva as organizações a buscar elementos que possam incorporar em seus negócios e que possibilitem diferenciais competitivos.

Os gestores já perceberam que focar somente a estratégia de negócios no produto ou serviço é um processo que coloca a empresa sempre um passo atrás das expectativas que o cliente tem em relação à comercialização como um todo. Para que isso não ocorra, deve-se, fundamentalmente, associar o atendimento e o relacionamento com o cliente no modelo de gestão e no planejamento organizacional. Essa associação foi tratada neste capítulo através de três processos: o PRM, o PAM e o PPV. Esses processos, dependendo do porte da empresa, do número de clientes e interações e da complexidade do negócio, devem ser suportados por um eficiente sistema de informação com a utilização dos recursos da tecnologia.

A tecnologia auxilia no processo de captura das informações em todos os pontos de contato e sistemas gerenciais, na análise dessas informações e na distribuição em todas as áreas organizacionais. Mas um alerta que se faz presente ao longo deste capítulo é o fato de que a empresa deve ter princípios éticos e humanos bem sólidos, sem os quais toda e qualquer estratégia fica muito vulnerável.

ATIVIDADE SUGERIDA PARA O DESENVOLVIMENTO PESSOAL E PROFISSIONAL

Pesquise na internet casos reais que envolvam práticas de marketing de relacionamento, fidelização de clientes e PPV. Depois, faça uma análise crítica da prática selecionada com base nos conceitos e ideias apresentadas neste capítulo. Não se esqueça de observar se as fontes consultadas são confiáveis.

Esta atividade, assim como as demais que serão propostas nesta obra, não tem como objetivo dizer se sua avaliação é certa ou errada, mas apenas servir de reflexão e de exercício mental para seu desenvolvimento pessoal e profissional. Costumo propor esse tipo de exercício a meus alunos nos cursos que ministro e ele costuma gerar um debate muito gostoso e produtivo.

2
Marketing de relacionamento e seus princípios básicos

No Capítulo 1, vimos que para uma empresa que deseja sobreviver em um mercado competitivo não basta ter um bom produto ou preços competitivos, é necessário ter foco no mercado e um gerenciamento eficiente e eficaz do atendimento.

Segundo Wing (1998), esses aspectos (qualidade, eficiência e preço) não são as únicas maneiras de cativar os clientes. A satisfação do cliente virou um diferencial que deve ser a meta de toda empresa que deseja relacionar-se bem com seus clientes. Ainda segundo o autor, clientes satisfeitos podem tornar-se leais (fiéis) e, além disso, recomendar a empresa para outros clientes (boca a boca ou viral[1]). Portanto, o grande objetivo de uma empresa deve ser conquistar, desenvolver e manter clientes, pois eles devem ser a razão da existência de qualquer negócio.

Para atingir esse objetivo, a empresa deve ter uma gestão de atendimento adequada e uma estratégia de relacionamento compatível com as características de seu público-alvo. Neste capítulo, vamos tratar especificamente do conceito de *marketing de relacionamento* e das principais estratégias desenvolvidas a partir dessa "nova" visão de negócios.

---

[1] O conceito de *viral*, para o marketing, implica utilizar recursos eletrônicos, sobretudo as redes sociais, para contatar um grande número de pessoas simultaneamente passando informações ou dados. É um boca a boca moderno com a utilização dos recursos da internet e dos *smartphones*.

O enfoque no marketing de relacionamento deu origem a uma série de propostas de consultores e acadêmicos, visando melhorar a relação entre a empresa e o cliente. A ideia que está por trás do conceito não é nova, mas foi popularizada por Regis MacKenna (1992) e por Terry G. Vavra (1993).

Segundo Vavra (*apud* DEMO, p. 41),

> [...] o autor faz uma introdução ao *after marketing* ou pós-marketing. A partir da perspectiva do cliente, uma compra é o início de um relacionamento. Assim, a interação continuada pós-venda é uma parte muito importante do pós-marketing e tão necessária quanto a venda se uma organização deseja contar com oportunidades continuadas de negócios com o mesmo cliente no futuro. O marketing deve, então, mudar a mentalidade de "completar uma venda" para a de "iniciar um relacionamento". Esse é o ponto fundamental, a passagem do marketing transacional para o marketing de relacionamento (*apud* DEMO, 2008, p. 41).

O marketing de relacionamento, portanto, é uma ferramenta que busca criar valor pela "intimidade" ou maior proximidade com o cliente, tornando a oferta adequada de modo que ele prefira manter-se fiel à empresa a arriscar um novo relacionamento comercial. Ou seja, a empresa passa a conhecer o cliente profundamente, tornando desinteressante para ele a busca de novos fornecedores. Dessa forma, o cliente reduz voluntariamente suas opções de fornecedores.

Muitas vezes, a expressão *marketing de relacionamento* é aplicada apenas à relação entre a empresa e o cliente; é importante que essa visão e as estratégias sejam ampliadas para toda a rede de relacionamentos da empresa, tanto internamente, com os colaboradores, como externamente, com parceiros, fornecedores, intermediários, acionistas, formadores de opinião, entre outros. Kotler e Keller (2006, p. 16) enfatizam a importância do investimento no relacionamento com parceiros e colaboradores para obter melhor resultado no processo de relacionamento com o cliente:

> O marketing de relacionamento tem como meta construir relacionamentos de longo prazo mutuamente satisfatórios com partes-chave – clientes, fornecedores, distribuidores e outros parceiros de marketing – a fim de conquistar ou manter negócios com elas. Ele constrói fortes ligações econômicas, técnicas e sociais entre as partes... O marketing de relacionamento envolve cultivar o tipo certo de relacionamento com o grupo certo. O marketing deve executar não só a gestão de relacionamento com o cliente

(*customer relationship management* – CRM), como também a gestão do relacionamento com os parceiros (*partner relationship management* – PRM), que se constitui de quatro elementos principais: clientes, funcionários, parceiros de marketing (canais, fornecedores, distribuidores, revendedores, agências) e membros da comunidade financeira (acionistas, investidores, analistas) (KOTLER; KELLER, 2006, p. 16).

Gordon (1998, p. 31) reforça a importância de ampliar o foco das ações de marketing de relacionamento e o conceitua como um processo contínuo de identificação e criação de novos valores com clientes individuais e de compartilhamento de seus benefícios durante uma vida toda de parceria.

> O marketing de relacionamento procura criar novo valor para os clientes e compartilhar esse valor entre o produtor e o consumidor [...] reconhece o papel fundamental que os clientes individuais têm não apenas como compradores [...] exige que uma empresa, em consequência de sua estratégia de marketing de seu foco sobre o cliente [...] necessita de um esforço contínuo dos colaboradores [...] reconhece o valor dos clientes por período de vida de consumo [...] e procura construir uma cadeia de relacionamentos dentro da organização para criar o valor desejado pelos clientes (GORDON, 1998, p. 31).

Os autores Stone e Woodcock (1998, p. 3) definem o marketing de relacionamento como uma maneira diferente de combinar e administrar ferramentas de marketing já existentes.

> Marketing de relacionamento é o uso de uma gama de técnicas e processos de marketing, vendas, comunicação e cuidado com o cliente para identificar seus clientes de forma individualizada e nominal; criar um relacionamento entre a sua empresa e esses clientes – um relacionamento que se prolonga por muitas transações; administrar esse relacionamento para o benefício dos seus clientes e da sua empresa (STONE; WOODCOCK, 1998, p. 3).

Voltando à ideia em que o foco é o cliente, a prática do marketing de relacionamento exige que a empresa esteja disposta a conhecê-lo, levando em consideração o que ele pensa, sente e aceita. O conceito apresentado só terá sentido se a empresa puder conhecer o cliente em sua totalidade. Dessa forma, Stone e Woodcock (1998, p. 3) descrevem o marketing de relacionamento com os clientes como:

> Nós achamos você, passamos a conhecê-lo, mantemos contato, tentamos assegurar que você obtenha de nós aquilo que quer – não apenas em termos de produto, mas também em todos os aspectos do nosso relacionamento com você e verificamos se você está obtendo aquilo que lhe prometemos. Desde que, naturalmente, isso seja vantajoso para nós (STONE; WOODCOCK, 1998, p. 3).

Para uma perspectiva de pós-marketing ou marketing de relacionamento, o composto de marketing deve ser repensado da seguinte forma:

- **Produto/serviço:** o marketing de relacionamento, quando implantado de modo apropriado, resulta em produtos que são cooperativamente projetados, desenvolvidos, testados, orientados, fornecidos, instalados e aprimorados. Os produtos não são desenvolvidos apenas pelo método histórico (mesmo ele sendo importante), no qual a empresa concebe os conceitos dos produtos; o marketing de relacionamento envolve uma interação em tempo real entre empresa e cliente, buscando agregar valor a partir da necessidade do consumidor.
- **Preço:** o marketing tradicional estabelece um preço para um produto, oferecendo-o ao mercado. Com o marketing de relacionamento, o produto varia conforme as preferências e os preceitos dos clientes, e o custo e o preço mudam proporcionalmente. A ideia da estratégia de preço está mais ligada ao valor percebido pelo cliente do que ao custo apresentado pela empresa.
- **Distribuição/*place*:** o raciocínio de marketing se concentrava na "praça" como um mecanismo para transferir um produto do fornecedor para o consumidor. Em vez disso, o marketing de relacionamento considera a distribuição a partir da perspectiva do cliente, que decide onde, como e quando comprar a combinação de produtos e serviços que compõem a oferta total do vendedor. Portanto, a perspectiva é de conveniência.
- **Comunicação:** o marketing tradicional enviava sinais para que todos dentro de um segmento específico o vissem – "Comprem-me!", diziam esses sinais. O marketing de relacionamento, em vez disso, oferece ao cliente individual uma oportunidade de decidir como deseja se comunicar, por meio de que sinais, com que frequência e com quem. A comunicação de massa torna-se uma ferramenta para aumentar o valor da empresa ou da marca em vez de um meio para influenciar diretamente a compra, ficando para esse fim a comunicação dirigida (marketing direto).

Não apenas o composto de marketing deve ser repensado, mas toda a estratégia de negócios da empresa. Segundo Borba e Campos (2003), o marketing de relacionamento não tem a ver com transações, e sim com novos conceitos e modelos de estratégia. É o gerenciamento do conhecimento em relação aos clientes e parceiros de modo a constituir uma estratégia para identificar e personalizar o atendimento ao cliente. A fidelização de clientes integra o processo filosófico do marketing de relacionamento e, aliado ao processo de parcerias estratégicas para a satisfação dessa clientela, constitui o eixo central da instrumentalização desse verdadeiro desafio, que é conquistar e manter clientes em mercados de alta competitividade.

Podemos extrair dos conceitos apresentados três pontos fundamentais:

- O marketing de relacionamento funciona quando aquele que o gerencia pode oferecer benefícios suficientes ao cliente para fazer com que o produto valha a pena e o cliente responda positivamente. Trata-se, portanto, de uma interação contínua entre as duas partes, na qual o vendedor melhora sua compreensão das necessidades do comprador e este se torna cada vez mais leal ao vendedor, já que elas estão sendo atendidas.
- A visão de marketing baseada nas transações em que a venda é o final do processo é transformada em uma visão focada no cliente, em que a transação é o resultado de um esforço conjunto de toda a organização e seus parceiros na busca da satisfação do cliente e a venda é apenas uma etapa intermediária, pois o relacionamento é contínuo.
- A empresa deverá estar disposta a mudar, começando pela adequação do composto ou *mix* de marketing (estratégia de produto ou serviço, preço, comunicação e distribuição) a partir da perspectiva do cliente, integrando todas as áreas organizacionais ao redor do cliente.

Em resumo, com base nesse conceito podemos dar aos clientes individuais ou aos grupos lógicos de clientes o valor que eles desejam ou de que necessitam, utilizando a tecnologia de maneira adequada e através de toda a cadeia de valor (elementos que participam do processo produtivo e comercial).

2.1 *DATABASE* MARKETING: O "CORAÇÃO" DO MARKETING DE RELACIONAMENTO

O *database* (banco de dados) é responsável pelo armazenamento e pelo percurso das informações pela organização, portanto, deve ser o sistema central para o desenvolvimento de estratégias de relacionamento e servir de fermenta indispensável para o atendimento.

Podemos determinar três funções básicas do *database*:

1. **Receber os dados provenientes dos diversos pontos de contato:** o *database* deverá receber informações dos pontos de contato que a empresa disponibiliza ao mercado, como SAC, e-mail, internet, redes sociais, vendedores, aplicativos de mensagens, entre outros. É importante que esse sistema também receba informações sobre o mercado que já estão disponíveis nos outros sistemas da empresa, como o sistema de cobrança, de produção, sistema de vendas, financeiro, de logística etc.
2. **Armazenar e tratar adequadamente os dados:** o banco de dados deverá armazenar todos os dados (ou os dados que interessam para o desenvolvimento de estratégias de relacionamento e atendimento) de forma padronizada e permitir a análise das informações. Os dados devem estar atualizados, "higienizados[2]", completos e organizados de tal forma que permitam uma análise perfeita.
3. **Disponibilizar as informações para todas as áreas organizacionais:** é importante que as informações contidas no banco de dados possam ser enviadas ou disponibilizadas para todas as áreas organizacionais com o objetivo de colocar a empresa "ao redor do cliente", ou seja, permitindo que cada área visualize o *status* do relacionamento ou do atendimento ou o perfil e característica do cliente e desenvolva uma estratégia mais adequada (Figura 2.1).

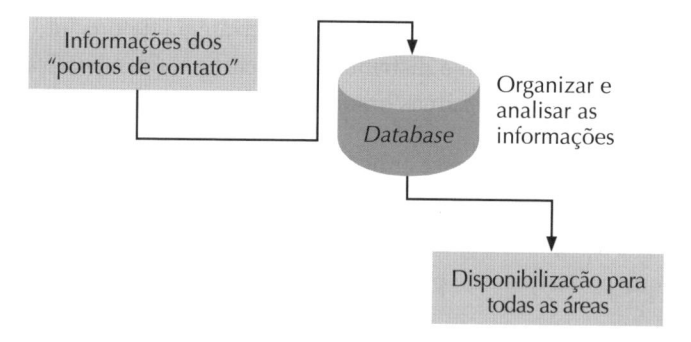

Figura 2.1 Funções básicas do *database*.

---

[2] Higienizar a base de dados significa eliminar dados repetitivos, informações incorretas, dados desatualizados etc. É uma prática comum (ou pelo menos deveria ser) e necessária em bases de dados para evitar ações de marketing de relacionamento inadequadas que podem prejudicar o atendimento ao invés de favorecê-lo.

Marketing de relacionamento e seus princípios básicos 61

O *database* (banco de dados) envolve, pelo menos, a administração de um sistema computadorizado/informatizado de dados relacional e em tempo real que contenha abrangência, atualização e dados relevantes sobre os clientes ou de públicos de interesse da empresa que a mesma deseja se relacionar. Isso ajuda a identificar os clientes mais indicados (segmentação de clientes) para o desenvolvimento de determinada estratégia de relacionamento.

> Um banco de dados de clientes é um conjunto de dados abrangentes sobre clientes atuais ou potenciais atualizados, acessíveis, práticos e organizado para fins de marketing, tais como geração de indicações, vendas de um produto ou serviço ou manutenção de relacionamento com os clientes. *Database* marketing é o processo de construir, manter e usar os bancos de dados de clientes e outros registros (produtos, fornecedores, revendedores) para efetuar contatos e transações e para construir relacionamentos com o cliente (KOTLER; KELLER, 2006, p. 160).

A premissa do conceito de *database* não é tão atual – conhecimento é poder. Quanto mais uma organização souber sobre os clientes, mais terá condições de desenvolver uma estratégia de marketing eficiente. Mas, em geral, as empresas possuem muitos dados (e não informações) armazenados (e não organizados), que são utilizados para apoiar operações como faturamento, cobrança, entrega, contas a receber e a pagar, estoques, comissões etc. ou apenas um "cadastro de clientes", que costuma ser um amontoado de nomes, endereços e informações irrelevantes.

> O *database* pode ser entendido como um conjunto de dados arquivados em um sistema que permite o inter-relacionamento, ou seja, que todos os dados sejam cruzados de modo a se extrair informações preciosas para o negócio.

Para que o *database* cumpra seu papel, é necessário um sistema de gerenciamento de banco de dados (SGBD), que nada mais é do que um *software* com características e recursos necessários para tratamento, organização e análise dos dados. As principais vantagens de um SGBD são:

1. Compartilhamento e organização de dados entre os usuários em tempo real.

2. Inconsistências ou redundâncias de informações entre os diversos sistemas da empresa (higienização).
3. Troca de informações importantes entre as diversas áreas da empresa ou até mesmo entre outros bancos de dados.
4. Segurança e controle das informações disponibilizadas aos usuários, permitindo o rastreamento da origem da informação.
5. Rapidez e facilidade na manipulação dos dados e sua transformação em informações aplicadas nas diversas estratégias.

É a união das possibilidades e aplicabilidade do *database* com o SGBD, que se transformará em um importante instrumento para as estratégias de relacionamento. Para isso, algumas etapas de construção serão necessárias: definir os objetivos estratégicos e mercadológicos no uso da ferramenta; avaliar as informações necessárias para o desenvolvimento das ações; identificar as fontes de informações (avaliar viabilidade e veracidade); verificar a necessidade dos recursos tecnológicos que serão utilizados; selecionar os usuários e áreas que terão acesso; determinar os responsáveis pela administração do sistema e pelo treinamento; e, finalmente, auditoria e controle das ações desenvolvidas.

Os objetivos no uso do *database* podem ser diversos: auxiliar nas campanhas de comunicação e no desenvolvimento de novos produtos; incorporar serviços adicionais ao cliente; possibilitar a redução de custos; apoiar as vendas, sendo um importante instrumento de prospecção ou fidelização; ajudar no desenvolvimento de diversas estratégias de marketing, como o *cross-selling* ou *up-selling*, entre outros de que trataremos mais adiante. Cada área de negócio poderá definir seus próprios objetivos ou até mesmo objetivos conjuntos, extrapolando para parceiros de negócios.

Seja qual for o objetivo, essa é uma etapa fundamental para que, posteriormente, seja estruturado o *database*, evitando que as informações arquivadas/armazenadas não estejam associadas às ações mercadológicas de que a empresa necessita e planeja desenvolver.

A partir da definição dos objetivos, a próxima etapa é determinar quais informações serão necessárias e quais são as fontes de informações disponíveis. A empresa poderá acumular informações sobre o perfil do cliente, dados cadastrais, comportamento, potencial de compra e demais informações sobre o histórico de relacionamento. Cada informação deverá estar associada aos objetivos, evitando, assim, que o banco de dados se transforme em um "bando de dados". Mas não são apenas informações sobre os clientes que podem ser acumuladas no *database*; a empresa também poderá coletar informações sobre os fornecedores, parceiros, colaboradores, formadores de opinião e muitos outros.

As fontes para a alimentação do *database* poderão ser internas ou externas. Dentro da própria empresa existem diversas informações sobre o mercado já disponíveis nos diversos sistemas, como o de faturamento, de vendas, de marketing e de compras, o que consideramos informações internas. As informações externas se referem àquelas que vêm dos diversos pontos de contato da empresa, como redes sociais, e-mail, *e-commerce*, sites, blogs, aplicativos de mensagens e vendedores, que são fundamentais nesse processo. É possível, também, a empresa adquirir informações externas através de parcerias que possibilitem a troca de *mailing* ou até mesmo informações de outros *databases* desde que de forma ética e responsável.

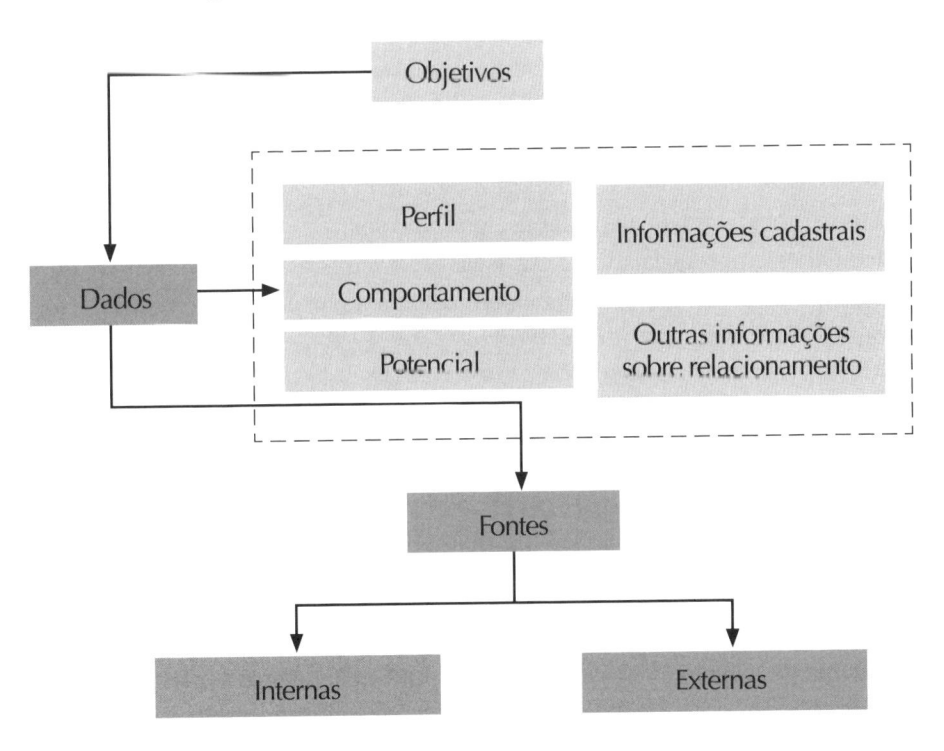

Figura 2.2 Objetivos, dados e fontes de informações para o *database*.

Com base nessas definições, é preciso buscar os recursos tecnológicos necessários que darão suporte a toda a estratégia. A tecnologia será um elemento facilitador para que as ações de relacionamento sejam desenvolvidas adequadamente, já que um *database* pode ser um catálogo de endereços, uma lista de clientes ou até mesmo uma caderneta de anotações pessoais.

A evolução da tecnologia vem contribuindo para que as empresas melhorem cada vez mais o atendimento ao cliente, possibilitando respostas mais rápidas e integradas.

> Felizmente, a parte referente a banco de dados e seus sistemas de gerenciamento possuem muitas técnicas e produtos. Sem dúvida, esse estágio de desenvolvimento dos sistemas de gerenciamento de banco de dados (DBMS) está permitindo o crescimento das soluções com *softwares* de *back* e *front office* orientados a objeto, além de manter os dados independentes dos programas e partilhar os dados com diferentes programas (BRETZKE, 2000, p. 149).

Os DBMS ou SGBD são programas especiais em que podemos enxergar todos os dados armazenados em uma estrutura em formato de tabelas. Não serão fornecidos neste livro nomes de empresas que apresentam as ferramentas de *database*, pois, como se trata de um mercado dinâmico, corre-se o risco de a empresa não mais atender a determinada solução. Além disso, poderíamos deixar de fora alguma que apresenta algo inovador ou mais adequado para suas necessidades empresariais e estratégicas. O importante é que se avalie bem a solução e a empresa que apresenta a ferramenta a partir dos critérios anteriormente apresentados.

> A tecnologia de banco de dados utilizada no *data warehouse* no *database* marketing possibilita a manutenção de um grande número de dados integrados, para realizar simulações das atividades da empresa, para projetar situações e relacionamentos, transformando dados brutos em acessíveis e em poderosas informações mercadológicas (BRETZKE, 2000, p. 182).

Após verificar os recursos tecnológicos necessários, a próxima etapa é definir quem serão os usuários e as áreas que terão acesso ao sistema, quais informações serão disponibilizadas para cada um deles e, também, quem será responsável pela administração e pelo treinamento.

A identificação do usuário do sistema de *database*, verificando quais serão as informações disponíveis para consulta e para inclusão, permitirá o rastreamento em caso de necessidade de verificar sua "origem", permitindo o controle, a auditoria e atribuição de responsabilidades. O administrador do *database* é a pessoa responsável pela liberação do nível de informação que cada usuário terá e por acompanhar se os dados estão sendo atualizados, alimentados e higienizados.

Administrar um *database*, portanto, não é uma tarefa simples, pois exige que o responsável tenha conhecimento de tecnologia/sistemas, conheça as estratégias desenvolvidas a partir da base de dados e tudo o que envolve sua manutenção. Isso significa que não adianta o profissional que administra o *database* ser um especialista em sistemas e tecnologia se ele não conhecer o mercado da empresa, o funcionamento do negócio, as estratégias desenvolvidas, os objetivos mercadológicos etc. Acima de tudo, um bom *DBmaker* (especialista em *database* marketing) deve ser um bom gerente de negócios!

Do mesmo modo, não adianta nada o profissional que administra o *database* conhecer o mercado e o negócio da empresa se não tiver conhecimento de sistemas e tecnologia – a recíproca é verdadeira. Esse profissional deverá cuidar do *backup* (espelhamento das informações) no caso de haver algum problema no servidor principal, do refinamento das informações, das alterações na estrutura do *database* para expansão e adaptação do sistema, do *upgrade* das tecnologias utilizadas, do monitoramento e identificação de falhas para aperfeiçoamento do *database*, da verificação de invasores (*hackers*), entre outras atividades ligadas à área de tecnologia e sistemas, incluindo a coordenação da equipe de programadores e de outros profissionais necessários para a manutenção. É bom destacar que boa parte dessas características pode vir de parceiros ou terceiros, mas é importante que dentro da empresa haja profissionais que entendam o mínimo dessas questões.

O sucesso da administração do *database* está, também, na capacidade de treinar e capacitar os usuários. Não se trata apenas de um treinamento operacional, ou seja, de apresentar o sistema ao usuário, as telas, os recursos disponíveis, mas, também, de uma preparação em relação ao potencial da ferramenta aplicado ao negócio e às "mudanças culturais" que serão necessárias para atuar a partir dessa nova proposta.

O principal impacto com a implantação do *database* está na mudança de foco do produto para uma ênfase no relacionamento com o cliente. Muitas empresas, mesmo implantando o *database*, continuam com sua visão focada no produto e sem nenhuma preocupação com o cliente. Não adianta todo o investimento em tecnologia se a empresa não estiver disposta a mudar e se não procurar se adaptar às novas regras impostas com a utilização do *database*. Essa é uma das principais razões do fracasso da implantação de um banco de dados de clientes em uma empresa.

O administrador do *database* poderá, inclusive, auxiliar na elaboração e na preparação das primeiras ações ou estratégias desenvolvidas a partir dele. Em resumo, esse profissional deve ser o responsável técnico e intelectual do *database*.

A última etapa é o controle e a auditoria das ações desenvolvidas a partir do *database*. Estamos falando aqui dos resultados financeiros, administrativos e mercadológicos que a empresa passa a adquirir a partir da implantação do *database*. É o momento de verificar se os objetivos definidos na estratégia estão sendo atingidos e se as ações realizadas são efetivas.

> Quantos clientes novos a empresa conseguiu prospectar? Quais são os índices de retenção de clientes? Qual foi a redução de custo na comunicação? Qual foi o resultado da última campanha? Todas essas perguntas (e muitas outras mais) devem ser analisadas e respondidas a partir da utilização da ferramenta.

O retorno sobre o investimento (ROI) em relação à implantação do *database* não está baseado na capacidade da empresa em alimentar o banco de dados, mas, fundamentalmente, na de utilizar o banco de dados em ações organizacionais focadas em resultados. A maior parte das empresas passa boa parte do tempo e investe a maioria dos recursos na coleta de informações e armazenamento delas em um sistema em vez da análise e utilização efetiva dessas informações associadas às estratégias de marketing e para os resultados positivos para o negócio.

2.2 TIPOS DE ATENDIMENTOS E RELACIONAMENTOS

Do ponto de vista do marketing com o foco no cliente, o atendimento e o relacionamento são construídos por meio de uma série de interações que acontecem dinamicamente entre empresas e clientes. E, a cada momento em que essas interações acontecem e são registradas, a empresa aumenta sua capacidade de conhecer os desejos e as necessidades do cliente e desenvolver ações mais adequadas.

Do ponto de vista do marketing de relacionamento, cada cliente é único, não só porque tem um perfil e características diferentes, mas também porque apresenta um retorno diferente para a empresa em relação ao seu potencial de consumo e aos recursos financeiros que dispõem. Por isso, quando desenvolvemos o conceito de marketing de relacionamento, devemos identificar todas as conexões, redes e interações entre todos os participantes do processo. Gummesson (2005) enumera alguns tipos de relacionamentos que precisam ser identificados e analisados para se implementar o marketing de relacionamento dentro de uma organização. Vamos apresentar os principais tipos citados pelo autor:

- **Relacionamento empresa-cliente:** não podemos esquecer que a principal atividade do marketing é estabelecer a relação de troca entre a empresa e o cliente (esse é o princípio básico do marketing). Portanto, o relacionamento entre o fornecedor (empresa) e o cliente é o mais importante para o marketing, pois se consolidará como o principal valor para o negócio.
- **Relacionamento fornecedor-cliente-concorrente:** como na maioria dos mercados a empresa não está sozinha (monopólio), ou seja, não é a única fornecedora para determinada necessidade, esse relacionamento também deve ser levado em conta. Em diversos casos, o cliente não se relaciona com uma única empresa, mas também – direta ou indiretamente – com as demais que atuam no mercado. A competição é um ingrediente central em mercados competitivos e o cliente se beneficia da melhoria na oferta, portanto, "alimenta" essa competição, ampliando seu relacionamento com todos os competidores.
- **Relacionamento empresa-canais de distribuição:** com exceção das empresas que atuam no sistema de vendas diretas (o que se torna um relacionamento à parte), os canais de distribuição contribuem com a estratégia da empresa, principalmente, por oferecerem a conveniência de compra para o cliente. É no canal de distribuição física (distribuidor, atacadista e varejista) que acontecem as principais interações com o cliente final (consumidor). Muitas organizações apenas se relacionam com o consumidor através de seus canais de distribuição e, portanto, consistem em uma rede de relacionamentos estratégica.
- **Relacionamento interno (empresa-colaboradores):** a força de uma instituição está na forma com que as pessoas que pertencem a ela se relacionam entre si. O trabalho em equipe e as estratégias conjuntas é que possibilitarão a uma empresa atender ao mercado da forma mais adequada. Os relacionamentos internos bem administrados transferem para o mercado externo o valor agregado, que poderá se transformar em vantagem competitiva.
- **Relacionamento com a sociedade:** os relacionamentos "não comerciais" com o setor público e com os cidadãos (público em geral)

também devem ser considerados. Os cidadãos são formadores de opinião, e o Poder Público interfere através das políticas públicas nas atividades comerciais das empresas.

- **Outros relacionamentos:** além dos relacionamentos apresentados, temos que considerar o relacionamento com o cliente do cliente; o relacionamento com clientes insatisfeitos; o relacionamento através de alianças entre empresas no mercado com o objetivo de inibir a competição e criar uma economia de mercado; o relacionamento com a mídia de massa como forma de influenciar a opinião pública; entre outros.

A análise, interpretação e escolha dos diversos tipos de relacionamento dentro do contexto do negócio devem formar a base das ações de marketing de relacionamento. A empresa deve definir quais serão as informações necessárias para cada um desses relacionamentos e determinar as estratégias e acompanhamentos necessários.

2.3 IMPLANTAÇÃO DO MARKETING DE RELACIONAMENTO

De acordo com Stone (1998), apesar da data de publicação, esse conceito continua se aplicando aos dias atuais. A implantação do marketing de relacionamento dentro de uma empresa pode ser dividida em quatro etapas: (1) desenvolvimento e análise estratégica; (2) estratégia de informações e gestão de clientes; (3) planejamento e marketing interno; e (4) ativação e adaptação (Figura 2.3).

Desenvolvimento e análise estratégica → Estratégia de informação e gestão de clientes → Planejamento e marketing interno → Ativação e adaptação

Implantação do Marketing de Relacionamento

Fonte: Adaptada de Stone (1998).

Figura 2.3 Etapas de implantação do marketing de relacionamento.

A etapa 1, de desenvolvimento e análise estratégica, é a preparação para uma abordagem geral da gestão do negócio com o foco no relacionamento com o cliente. Nela, são importantes quatro subetapas com os seguintes objetivos a serem desenvolvidos:

- Desenvolvimento da missão, valores, objetivos e estratégia da empresa, levando-se em conta as características e o perfil dos clientes e as necessidades da empresa em construir e manter relacionamentos lucrativos e duradouros com esses clientes.
- Definição da estratégia de relacionamento com o cliente, em que a empresa deverá decidir quais serão os públicos de interesse e a forma como eles serão gerenciados, além das ações de marketing que deverão ser desenvolvidas.
- Definição de estratégias de atendimento do cliente, incluindo todos os processos, sistemas e pessoas que deverão realizar a interface com o cliente (tanto direta como indiretamente).
- Definição das atividades de pós-marketing, em que a empresa deverá identificar o grau de satisfação do cliente em relação a todo o processo gerado a partir da estratégia de relacionamento e, também, analisar possíveis elementos que demonstrem eventuais problemas e insatisfações.

Na etapa 2, acontece a organização das informações e gestão do relacionamento com o cliente. É nesse momento que a empresa deverá capturar, armazenar e organizar todas as informações necessárias (e definidas na etapa anterior) em um banco de dados e tratá-las de tal forma que permita uma gestão adequada do relacionamento com o cliente. Nessa etapa são desenvolvidas duas subetapas que têm os seguintes objetivos:

- Auditoria e controle dos pontos de contato entre a empresa e seus clientes, possível conteúdo e resultado desses contatos, elaborando os fluxos de informação e possíveis oportunidades para aprimorar o relacionamento e o resultado para o negócio.
- Analisar o conteúdo, quantidade e qualidade de informações contidas no *database* disponível – devem ser verificados os conteúdos de informações existentes do ponto de vista da credibilidade da origem dos dados.

Na etapa 3, de planejamento e marketing interno, deverá ocorrer a preparação da empresa para a mudança cultural exigida pelo marketing de relacionamento (é hora de "fazer acontecer"). É nesse momento que a empresa deve treinar e capacitar os usuários, definindo suas responsabilidades e apresentando todo o potencial da ferramenta às áreas envolvidas. Como já dissemos, não se trata de um treinamento apenas em relação à utilização de um *software*, e sim de um treinamento gerencial em que devem ficar claros para todos os colaboradores da organização a importância da gestão do relacionamento e o papel de cada um na construção de um atendimento eficiente e eficaz. Dois pontos merecem destaque nessa etapa:

- Envolvimento de todas as áreas da empresa e de todas as pessoas que compõem o quadro funcional. Cada profissional deverá ter bem definido seu papel no processo e estar preparado para desenvolver ações que possam agregar valor ao cliente dentro de sua área de competência.
- Planejar as atividades da área a partir da definição estratégica da empresa e das informações apresentadas no *database*.

Por fim, na etapa 4, após a empresa preparar a estratégia de relacionamento, capturar as informações necessárias e planejar as ações, chegou a hora de ativar a estratégia. Ou seja, a empresa deverá colocar em prática a estratégia definida através das políticas de produto, preço, comunicação e distribuição e, também, de atendimento. É importante, nesse momento, controlar a efetividade das ações e, caso seja necessário, adaptar a estratégia com o objetivo de manter a plena satisfação do cliente.

2.4 CONCEITO DE *CUSTOMER RELATIONSHIP MANAGEMENT* (CRM) E SUA APLICABILIDADE NA ESTRATÉGIA DE RELACIONAMENTO COM O CLIENTE

É necessário primeiramente desmistificar a ideia de que o CRM é exclusivamente uma iniciativa da *tecnologia* ou "apenas um *software*". A tecnologia, sem dúvida alguma, é muito importante para viabilizá-lo e implantá-lo – especialmente no acompanhamento e monitoramento das ações de relacionamento –, mas apenas a tecnologia não garante o sucesso ou o fracasso da implementação do CRM.

Além disso, o CRM *não* é uma ferramenta que deve ser usada exclusivamente pela área de marketing. Muitas ações de marketing podem ser desenvolvidas a partir das informações disponíveis no *database*, porém, para implementá-las, será necessário seu compartilhamento com todas as áreas organizacionais.

Além disso, diversas ações de relacionamento podem ser desenvolvidas por outras áreas que agreguem valor ao cliente.

O CRM *não* é exclusivamente uma iniciativa das *vendas*. De forma similar ao que destacamos sobre a área de marketing, o conceito de CRM deve ser usado da mesma forma para apoiar as atividades de vendas. A força de vendas, com a utilização do potencial da ferramenta para a área, fica extremamente próxima de seus clientes, compreendendo suas necessidades e tentando cumpri-las. As vendas, entretanto, são apenas mais uma área funcional que pode se beneficiar do CRM e que são necessárias para um CRM eficaz.

O CRM também não pode ser entendido apenas como uma ferramenta a ser utilizada para as atividades de atendimento e serviço de suporte ao cliente. Assim como acontece nas áreas de vendas e marketing, o serviço de suporte ao cliente é um aspecto funcional da execução bem-sucedida do CRM, ou seja, também não é o único usuário, nem a única área a beneficiar-se do processo.

> É muito importante considerar a gestão do relacionamento com o cliente parte integrante do estilo de fazer negócios de sua empresa, em vez de encará-la como um programa isolado, a ser desenvolvido e operado independentemente de outras estratégias de negócios (STONE, 2001, p. 149).

Assim, o CRM envolve o marketing, as vendas, o serviço e a tecnologia, bem como todas as áreas organizacionais. Por isso, devemos entender que é necessário que todas as áreas da organização trabalhem pelo objetivo comum de melhorar a eficiência e a eficácia do atendimento ao cliente através de ações de relacionamento conjuntas que possam agregar valor aos públicos de interesse da empresa (Figura 2.4).

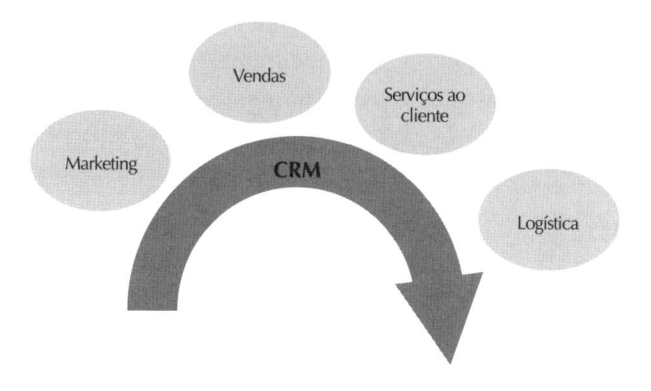

Figura 2.4 O CRM e a interface com todas as áreas organizacionais.

As ações mercadológicas e decisões estratégicas baseadas na análise do mercado atual e/ou potencial precisam estar fortemente alicerçadas em informações que agilizem e otimizem todo o processo de relacionamento e atendimento. As informações sobre o relacionamento com o mercado precisam ser compiladas, organizadas ou recuperadas no momento em que o contato entre a empresa e o cliente está ocorrendo, para que se possa conhecer e reconhecer o cliente e, dessa forma, direcionar produtos, serviços e ofertas ajustadas a ele, que assim estará disposto a estabelecer a preferência pela marca, repetir a compra e inclusive pagar mais para obter o valor agregado que lhe é oferecido.

Criar uma proposta e filosofia organizacional que permita à empresa gerenciar as relações com os clientes (CRM) envolve muito mais que programas de fidelização ou *call centers*.[3] É uma estratégia corporativa, um esforço contínuo e integrado de longo prazo entre todas as áreas organizacionais. A construção de um relacionamento forte entre a empresa e o cliente é desenvolvida no tempo, em um processo personalizado de aprendizado e benefícios mútuos.

É importante entender que o *call center* é uma etapa importante dentro da visão operacional do CRM; afinal, é a partir do *call center* que a empresa estabelece o contato com o cliente, não apenas recebendo informações do mercado, mas também possibilitando uma comunicação direta com os diversos públicos de interesse da empresa. Ultimamente, o *call center* vem ampliando seu leque de atuação e incorporando as demais ferramentas que permitem um contato mais próximo com o cliente, como a internet (*chats*), e-mail, celular (*mobile* marketing), máquinas de venda, vendedores etc.

Os programas de fidelização ou retenção acontecem a partir dos resultados das análises dos clientes que estão armazenados no *database*. Portanto, o CRM é muito mais que apenas um programa de fidelização. Além disso, existem os programas de prospecção, promocionais, vendas e outros que também fazem parte de uma estratégia de relacionamento com o mercado (Figura 2.5).

---

[3] *Call centers* é o local em uma empresa onde se concentram as ligações ou contatos dos clientes através da internet ou outro meio eletrônico.

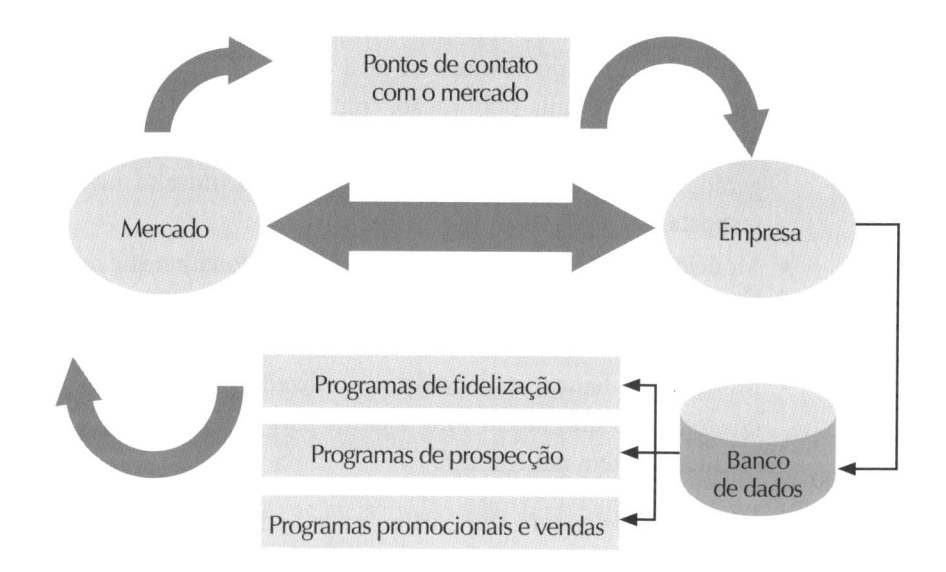

Figura 2.5 Processo de CRM e estratégias de relacionamento.

- **Programas de fidelização:** os programas de fidelização, retenção ou manutenção têm como objetivo (como o próprio nome indica) manter o cliente ou dar um motivo para que ele permaneça fiel à empresa. Esses programas são de extrema importância para que a empresa estabeleça um relacionamento com os principais clientes, ou seja, com aqueles clientes que lhe trazem maior resultado ou que são potenciais em relação ao resultado. Para Bretzke (2000), a empresa poderá desenvolver os programas de fidelização de acordo com os modelos de relacionamento, que são:
    - Modelo de recompensas: procurar recompensar o cliente e estimular a repetição de compra por meio de prêmio, bônus, incentivo.
    - Modelo educacional: nesse modelo, existe um programa de comunicação interativo que coloca à disposição do cliente um conjunto de materiais informativos, que podem ser enviados periodicamente ou mediante solicitação. Esse modelo visa educar o cliente para o uso ou consumo do produto ou utilização de um serviço.
    - Modelo contratual: um clube de clientes, no qual se paga uma taxa para se tornar membro e usufruir uma série exclusiva de benefícios.

- Modelo de afinidade: é um clube de clientes que agrupa pessoas segundo algum tipo de interesse ou afinidade. Geralmente, o elemento básico é uma publicação, como uma revista ou tabloide. A essência de um clube de afinidades é a extrema pertinência gerada pelo interesse ou afinidade, trazendo um alto nível de resposta.
- Modelo do serviço de valor agregado (ou adicional): nesse modelo, o cliente é reconhecido por algum serviço agregado à compra do produto ou o uso do serviço.
- Modelo de aliança: esse modelo é utilizado por empresas não concorrentes que fazem uma aliança para prestar serviços aos clientes que têm em comum.

Cada um desses modelos tem sua particularidade de criar e manter um relacionamento duradouro e estável com o cliente, usando um conceito específico de reconhecimento, ou seja, cada empresa deve escolher o modelo que mais se adapte aos desejos e expectativas de seus clientes.

- **Programas de prospecção:** esses programas têm como proposta básica identificar novos clientes para a empresa a partir do perfil dos clientes atuais. A prospecção pode ser desenvolvida a partir de indicação dos clientes atuais, de contatos estabelecidos por eles através dos pontos de contato da empresa com o mercado ou até mesmo pela compra de outros *databases* (*mailing*).
- **Programas promocionais ou vendas:** a ideia desses programas é direcionar campanhas promocionais para clientes específicos. Essas campanhas podem ter como objetivos fortalecer a imagem da marca, ampliar a venda de determinada categoria de produto ou serviço, incentivar a experimentação ou manutenção etc.

Segundo Stan Rapp *apud* Bretzke (2000), diversas campanhas de prospecção ou promocionais/vendas podem ser desenvolvidas a partir da visão do marketing de relacionamento. O autor as classifica em sete tipos:

- *Re-sell*: leva o cliente à repetição da compra.
- *Up-sell*: incrementa a receita por meio de ações que levem o cliente a comprar categorias de produtos/serviços com maior margem.

- *Keep-sell*: desenvolve ações de retenção quando o *database* indica propensão a deixar a empresa ou quando existem indicadores do aumento da erosão da base.
- *Cross-sell*: consiste em ações para vender produtos ainda não comprados pelo cliente.
- *Add-sell*: lançamento de extensões de linhas por meio dos clientes atuais.
- *New-sell*: é o uso do banco de dados de clientes atuais para novos negócios da empresa.
- *Friend-sell*: visa transformar clientes em advogados da marca, solicitando indicações ou outro mecanismo para fazê-los indicar a empresa para um amigo.

A importância de manter o cliente em um programa estruturado de fidelização, prospecção, promocionais ou vendas é que ele se torna mais responsivo às campanhas sistemáticas descritas. Em consequência, aumenta-se a rentabilidade e diminui-se o custo da venda. Como o *database* de clientes facilita a transformação de compradores potenciais em leais, é a única ferramenta para implementar a escada da lealdade.

> O CRM é a combinação da filosofia do marketing de relacionamento, que ensina a importância de cultivar os clientes e estabelecer com eles um relacionamento estável e duradouro através do uso intensivo da informação, com a TI, que provê os recursos de informática e telecomunicações integrados de uma forma singular que transcende as possibilidades dos *call centers* atuais.

2.4.1 O *Customer Relationship Management* (CRM) e sua relação com a Tecnologia da Informação

Podemos entender também o conceito de *Customer Relationship Management* (CRM) ou gerenciamento do relacionamento como a integração entre o marketing e a TI para prover a empresa com meios mais eficazes e integrados para atender, reconhecer e cuidar do cliente em tempo real, transformando esses dados em informações que, disseminadas pela organização, permitem que o cliente seja "conhecido" e cuidado por todos da organização (BRETZKE, 2000).

> Do ponto de vista tecnológico, CRM envolve capturar os dados do cliente ao longo de toda a empresa, consolidar todos os dados capturados interna e externamente em um banco de dados central, analisar os dados consolidados, distribuir os resultados dessa análise aos vários pontos de contato com o cliente e usar essa informação ao interagir com o cliente através de qualquer ponto de contato com a empresa (PEPPERS; ROGERS, 2000, p. 35).

Segundo Khera (2000),[4] a tecnologia deve abranger pelo menos os seguintes elementos:

- **Regras de negócios:** são necessárias para garantir que qualquer transação com o cliente seja processada de maneira eficiente. Por exemplo, se uma empresa quiser que os clientes mais lucrativos e de alto volume sejam atendidos por especialistas, as regras de negócios devem definir com clareza qual é esse critério. Com base na complexidade das transações, uma organização pode precisar de centenas de regras de negócios.
- *Data warehousing*: gerenciar relacionamentos com os clientes depende das informações sobre eles, que muitas vezes estão em *databases* diversos e separados. Consolidar as informações importantes em um lugar e ter certeza de que elas se inter-relacionem não são tarefas fáceis. No entanto, uma vez realizado, o *data warehousing* (armazenamento conjunto de dados) contribui para ampliar o potencial de receita de uma empresa e o atendimento ao cliente. Por exemplo, uma empresa pode segmentar os tipos de cliente mantidos no *data warehouse* e lançar uma campanha de marketing direcionada para tipos específicos de clientes (*Re-sell*, *Up-Sell*, *Keep-sell*, *Cross-sell*, *Add-sell*, *New-sell* e *Friend-sell*, além dos programas de fidelidade, todos tratados anteriormente).
- **WEB (internet):** o uso mais importante da WEB, na perspectiva do CRM, é o autoatendimento, de modo que os clientes possam fazer consultas sobre suas contas a qualquer momento e de qualquer lugar. A WEB também deve ser usada para emissão eletrônica de faturamento e pagamento (EBPP, *Electronic Bill Presentment and Payment*), para que os clientes possam consultar o valor devido e fazer o

---

[4] Mandeep Khera, vice-presidente da Worldwide Marketing, United Customer Management Solutions. *Customer Relationship Management*: além do mero jargão. Disponível em: <www.1to1.com.br>. Acesso em: 21 jan. 2000.

pagamento *on-line*, se for apropriado. Para a ampliação da receita, as empresas também podem oferecer mensagens instantâneas, a serem usadas para serviços de vendas híbridas (programas de fidelização, prospecção, promocionais e vendas), com base nos perfis dos clientes que usarem o website.

- **IVR:** é necessário um sistema de IVR (*Interactive Voice Response*, resposta interativa de voz) para que os clientes façam consultas de autoatendimento por telefone em vez de usar a WEB.
- **Geração de relatórios:** é preciso ter boas ferramentas para geração de relatórios, tanto de clientes quanto gerenciais.
- **Tecnologia de central de atendimento:** algum tipo de tecnologia de central de atendimento (*call center*) com PBX ou VoIP (*Voice over Internet Protocol*, voz por protocolo de internet) integrada com roteamento inteligente de chamadas é um requisito obrigatório para a interação com profissionais de atendimento ao cliente em operação.
- **Estrutura de integração:** uma estrutura tecnológica que permita a integração de todos os aplicativos e *databases* que tenham informações sobre clientes pode representar uma grande diferença na implantação. Do ponto de vista dos sistemas, o CRM é a integração dos módulos de automação de vendas (SFA), gerência de vendas, telemarketing e televendas, SAC, automação de marketing, ferramentas para informações gerenciais, WEB (internet) e comércio eletrônico (PEPPERS; ROGERS, 2000).

Essa integração de sistemas pressupõe que a empresa esteja disposta a manter um relacionamento suportado por processos operacionais mais ágeis e selecione a tecnologia adequada, o que requer metodologia, conhecimento e experiência comprovada nesse tipo de solução. Também é preciso que os recursos humanos sejam treinados e capacitados em todos os níveis, não só para melhorar a qualidade do atendimento, mas também para usar adequadamente as informações que transformam possibilidades de negócios em lucros.

> O CRM não é somente um *software*, mas também uma filosofia. Projetos de CRM não são fatos isolados, e sim parte de um programa maior que engloba toda a organização.

Para Dreyfus,[5] diretor de pesquisas da filial brasileira da Gartner Group, antes de implementar um projeto de CRM, as empresas precisam analisar seus próprios processos, o que é difícil, porque a maioria das organizações, em função da própria natureza, não é orientada para processos.

> O primeiro aspecto é a compreensão de como transformar um cliente potencial em um cliente efetivo. O segundo, o entendimento de como relacionar com o cliente ao longo do tempo, até porque ele amadurece. A partir daí a empresa conseguirá definir qual a estratégia de marketing adequada que garanta a fidelização (DREYFUS, 2000, p. 62).

Portanto, o CRM é um conjunto de estratégias, processos, mudanças organizacionais e técnicas pelas quais a empresa deseja administrar melhor seu próprio empreendimento acerca do comportamento do cliente.

> O Customer Relationship Management (CRM) não é nem um conceito nem um projeto. Ao contrário, é uma estratégia de negócios que visa entender e antecipar as necessidades dos clientes atuais e potenciais de uma organização (BROWN, 2001, p. XIII).

O CRM sempre vai ser caro quando a solução tecnológica vier na frente do processo. Tem que haver um alinhamento claro do que a empresa quer e precisa fazer para melhorar seu atendimento e seu relacionamento com o cliente. Fundamentalmente, é preciso estudar as necessidades dos clientes, elaborar uma estratégia de atendimento e, com base nisso, analisar soluções que farão esses processos funcionarem.

E quais são os requisitos para uma iniciativa de CRM bem-sucedida?[6] Primeiro, dispor das informações adequadas sobre os clientes. Um CRM pode ser considerado um *data mart* (banco de dados para ações específicas) de marketing, com informações específicas sobre clientes. Esse *data mart* existe na empresa hoje? Como poderá ser construído? De onde e como virão as informações para preenchê-lo? Qual é o nível de segmentação a que se deseja chegar? Na

---

[5] Cassio Dreyfus, em entrevista à revista *Consumidor Moderno*, ano 6, nº 41, Editora Padrão, p. 62, dez. 2000.

[6] Estudo publicado no *Informativo CRM Express*, ed. 1, fev. 2000. Disponível em: <www.running.com.br>.

prática, é impossível chegar a 100% de detalhamento de cada cliente da empresa, mesmo porque muitos deles não justificariam tal investimento. Apesar de a proposta do CRM ser fazer a empresa ter apenas clientes rentáveis, no dia a dia isso dificilmente é alcançado.

Além disso, é necessário um projeto CRM bem consistente, o que significa focar na organização, nos processos e nas pessoas de *marketing* e, também, integrar sistemas aplicativos com o *database* do CRM.

É muito importante não deixar em segundo plano a criação de uma mentalidade de comportamento focada na qualidade do atendimento ao cliente de ponta a ponta, e não só na venda. Com certeza, para muitas empresas, isso será muito diferente do que vemos atualmente. Esse esforço implica treinamento intenso e "internalização" dos conceitos do CRM em todos os níveis da organização. Implica também mudar as estratégias de negócio que consideram que apenas a política de preços baixos é suficiente para manter a clientela fiel. O elo mais simples será, sem dúvida, a tecnologia; ela está disponível e é uma questão de fazer a escolha certa. Mas pessoas, organização e processos exigem esforços significativos para serem transformados.

2.4.2 A arquitetura da solução

Em razão da abrangência, o conceito de CRM é dividido em: CRM analítico, CRM colaborativo e CRM operacional (PEPPERS; ROGERS, 2000):

- **CRM analítico:** é a parte do CRM que possibilita determinar quais são os clientes, quais devem ser tratados de forma personalizada (marketing de relacionamento) e quais devem ser deslocados para níveis de prioridade inferior. O foco passa dos produtos e processos para o cliente e suas características. Ele é a fonte de toda a inteligência do processo, desde a identificação até a personalização das abordagens que a empresa fará. Entre as grandes tecnologias implementadas estão ferramentas que conseguem rapidamente, a partir de grandes volumes de dados (que podem ser extraídos de *databases* distintos), agrupá-los de forma muito simples aos olhos do usuário.
- **CRM colaborativo:** engloba as ferramentas de contato, como e-mail, internet, telemarketing, lojas físicas, vendedores, ou seja, todos os pontos onde ocorre a interação entre a empresa e o cliente.
- **CRM operacional:** é onde a maioria das empresas está focada. Consiste em sistemas, como automatização da força de vendas, atendimento em campo, centros de atendimento a clientes (*call centers*), sites

de comércio eletrônico e sistemas de pedido automatizados. Essas soluções visam, basicamente, otimizar processos e organizar fluxos de atendimento e encaminhamento de ocorrências através da empresa, o que acaba refletindo na qualidade e na agilidade do atendimento.

Sozinhas, contudo, essas ferramentas não permitem que as empresas tenham uma visão focada e única das preferências dos clientes, apesar de atenderem com excelência à demanda a que se destinam.

Brown (2001) destaca a importância da tecnologia que fornece o suporte ao modelo de CRM e possibilita o desenvolvimento de uma infraestrutura estratégica com informações eficientes. Tudo com o objetivo de tornar, para os melhores clientes, a relação com a empresa algo fácil e conveniente, buscando sua satisfação e fidelidade.

É, principalmente, por meio das ferramentas analíticas que identificamos os clientes de menor e de maior valor para a empresa. Desenvolvem-se tratamentos diferenciados buscando a personalização do atendimento, que é a estratégia básica do CRM (PEPPERS; ROGERS, 2000).

Para Yuki,[7] se observarmos com atenção e de forma isolada o CRM operacional e o CRM analítico, veremos que eles não atendem a todas essas demandas – e será justamente a fusão dessas duas visões em uma única plataforma que fará a diferença entre ouvir o cliente, entendê-lo e reagir rapidamente.

> Esta integração pode trazer muitas facilidades para efetivamente entender o cliente. Por exemplo: um cliente liga para a central de atendimento de sua empresa para fazer uma reclamação sobre um produto ou serviço e, nesse instante, o sistema consulta uma fonte de informações que é capaz de dizer ao atendente que o cliente é preferencial, mas tem diminuído o relacionamento com a empresa e tende a, daqui a cerca de 3 meses, deixar de ser cliente. Neste instante, o próprio sistema é capaz de identificar as ofertas coerentes com as demandas que o cliente tem feito, sugerindo ao profissional que faz o atendimento que ofereça um benefício àquele cliente para elevar o nível de relacionamento (YUKI, [200-?]).

---

[7] YUKI, Milton. *Diferenças e perspectivas entre o CRM operacional e analítico*. Entrevista disponível em: <www.crm.inf.br>. Acesso em: 29 maio 2001.

Nesse caso, é importante notar que, ao perceber a queda no relacionamento e o que deveria ser ofertado, foi realizado um trabalho de análise pelo CRM analítico. No momento do contato com o cliente, o meio pelo qual o cliente entrou em contato e a consulta básica de informações foi um trabalho do CRM operacional.

2.4.3 O processo de implantação do CRM

Um projeto de CRM bem elaborado pode demandar muitos recursos, tanto tecnológicos como financeiros. Por isso, em um primeiro momento, é necessário que a empresa avalie adequadamente o retorno sobre o investimento e verifique quais serão as atividades desenvolvidas a partir da utilização desse recurso.

Por mais estranho que possa parecer, algumas organizações começam o processo de implantação do CRM sem ter noção clara do papel da ferramenta e para que ela serve. Mas, afinal, para que serve o CRM? Ele é necessário? Quais são os principais valores envolvidos em sua implantação?

Como já tratado, a partir do CRM a empresa poderá adquirir um profundo conhecimento sobre o mercado e melhorar o relacionamento entre as empresas, com seus clientes e fornecedores. A implantação de plataformas de CRM poderá alterar significativamente a cultura organizacional e os processos nas empresas. Qualquer solicitação de um cliente ou reclamação, opinião ou sugestão impacta em ações em todos os departamentos, do atendimento ao marketing, logística, área comercial, produção e vendas. Mas ainda existe um *gap* entre a teoria e a prática, pois, mesmo com a ferramenta implantada, há diversos casos de empresas que ainda não utilizam o CRM como uma estratégia de negócios, limitando sua utilização a algumas ações mercadológicas específicas e restritas às áreas de marketing e de vendas.

Além de todo o investimento em tecnologia, das mudanças nos processos organizacionais e da preparação dos profissionais para atuar a partir dessa nova visão de negócio, a empresa deve entender que será necessário incentivar a criatividade e a ousadia nas ações. Criatividade na concepção de novos produtos e serviços, formas de comunicação com o mercado ou nos novos meios de comercialização; ousadia nas decisões que serão tomadas a partir de novos formatos de gerenciamento e das ações que serão necessárias para agregar valor ao cliente.

Mas, afinal, quais são os passos para uma implementação de CRM bem-sucedida? O primeiro passo é conhecer todo o processo gerencial, o mercado de atuação e as características principais do negócio da empresa para, a partir daí, identificar qual será o tipo de solução tecnológica mais adequada.

> Processo gerencial é apenas uma maneira organizada de executar um trabalho. Ou seja, é uma especificação clara de como diferentes tarefas devem ser executadas (STONE, 2001, p. 161).

Ainda segundo Stone (2001, p. 167), para que os processos organizacionais (ou gerenciais) estejam de acordo com a proposta do CRM, é preciso que "os funcionários entendam o processo, que as funções sejam claramente definidas, que o processo produza benefícios claros, que os funcionários estejam comprometidos e que os processos apoiem as decisões de marketing".

Além disso, há alguns elementos que devem estar presentes para que a implementação de um projeto de CRM tenha sucesso:

1. Envolvimento de todas as áreas da organização: a implementação de um processo desse tipo numa empresa implica quase sempre alterações profundas no seu modo de funcionamento. Isso pode ocasionar reações de resistência de alguma área ou profissional, pois sabemos que qualquer mudança sempre causa apreensão e medo nas pessoas. Por isso, é essencial que a alta cúpula da empresa (gestores, dirigentes e, principalmente, o presidente ou "dono") se envolva e acredite no projeto, e não se canse de transmitir as vantagens que todos terão quando o sistema estiver em pleno funcionamento. Deve-se definir um líder do projeto CRM, que será o responsável pela implementação e pela realização da mudança. Esse líder deve ter as seguintes características:

- Ser um profissional de confiança da alta direção e com poderes para realizar as mudanças necessárias.
- Ser capaz de motivar e treinar todos os níveis da organização.
- Ter profundo conhecimento do negócio da empresa e do potencial do CRM.
- Ter bons relacionamentos com todas as áreas organizacionais.
- Ter bons conhecimentos técnicos sobre TI.

2. Montar uma equipe com competência: em conjunto com o líder do projeto, a empresa deverá estruturar uma equipe composta por integrantes das diversas áreas, cuja função principal é contribuir no sentido de implantação técnica e conceitual do CRM. Essas pessoas são decisivas para fazer passar a mensagem dentro da organização e, para isso, devem:

- estar devidamente treinadas e motivadas para a mudança e conscientes dos benefícios que ela vai trazer para a empresa;
- ser um comunicador eficiente para poder explicar e motivar os outros, já que se trata de um sistema que vai ser utilizado por todos os colaboradores da empresa;
- ter conhecimento do negócio, das novas tecnologias de informação e das plataformas técnicas de suporte à solução.

Segundo Cardoso (2001, p. 137), a equipe de um projeto de CRM "é multifuncional, dinâmica e preocupada com o resultado do programa, cujo sucesso é o principal objetivo de todos".

3. Foco nos processos organizacionais: conforme explicamos anteriormente, é preciso estar ciente de que a tecnologia, por melhor e mais sofisticada que seja, não é senão um meio para se chegar a determinado fim: o relacionamento com os clientes e a obtenção de sua lealdade.

> Um processo voltado para o cliente é um processo cujo principal objetivo é satisfazer as necessidades desse cliente – e isso com a exigência extra de verificar a "retidão" da transação e de assegurar que a satisfação das necessidades do cliente cause o mínimo de perturbação e de perdas para a empresa (STONE, 2001, p. 172).

Por isso, é essencial que se pense, sobretudo, na melhor maneira de alterar os processos organizacionais e adequá-los à estratégia de relacionamento definida a partir das características do negócio. A tecnologia será somente o elemento facilitador que viabilizará as ações de relacionamento.

> Para alcançar uma estratégia de CRM, uma organização não pode confiar simplesmente em uma solução de sistema – *softwares* que permitam às organizações rastrear e recuperar informações sobre o cliente, que rastreiem e incitem atividades de vendas e que permitam ao representante do serviço de atendimento ao cliente estar informado ao servir e fazer *cross-selling* com o cliente (BROWN, 2001, p. 253).

Ainda segundo Brown (2001, p. 255), é importante que a solução de CRM seja orientada para o negócio. Por isso, é necessário começar "com a estratégia de CRM da empresa e assegurar que, uma vez implementado, o sistema oferecerá suporte às estratégias de produto, clientes e canais".

4. Conhecimento de tecnologia aplicada ao relacionamento com o mercado: ainda que não seja necessário conhecer profundamente as características técnicas da tecnologia de suporte ao projeto CRM, é importante compreender a arquitetura global da tecnologia, conhecer a relação que o CRM terá com os demais sistemas da empresa, sua interface e aplicação.

A utilização de sistemas voltados à informação, como o *database* marketing, o *data warehouse* e os *data marts*, ajuda a coletar dados importantes para as decisões de marketing, permitindo que uma organização seja mais eficaz na retenção de clientes, na prospecção e nas ações de vendas.

5. Cronograma de implantação: apesar de saber que todas as empresas querem resultados a curto prazo, é fundamental que o cronograma de implantação respeite todas as etapas do processo. Implementar uma solução desse tipo representa, como vimos, mudanças significativas na empresa.

> Nesse passo, a organização estabelece os estágios – quais processos são importantes, que objetivos serão alcançados. Mas mais do que alcançar esses objetivos, as pessoas (recursos médios, seniores e de linha de frente) devem reconhecer que deverão envolver-se a fim de agregar valor ao projeto e apoiar a iniciativa (BROWN, 2001, p. 254).

Por isso, fazê-lo de repente e sem respeitar cada etapa não é a melhor solução, podendo até trazer mais problemas.

6. Estar preparado para uma constante evolução: uma característica muito importante da implementação de um projeto CRM em uma organização é que nunca está terminada. A solução encontrada deve poder ser melhorada regularmente e integrar-se perfeitamente aos processos, valores e filosofia da empresa. É, assim, importante que a solução indicada tenha flexibilidade para atender a novas demandas e necessidades.

Como podemos perceber, a implantação de um sistema de CRM exige atenção de todos os envolvidos no processo e cuidados com seus pormenores. Por isso, não é apenas um investimento em tecnologia e não deve ser encarada como uma solução para o marketing ou vendas.

ESTUDO DE CASO – MOÇO, UM MINUTO DE SUA ATENÇÃO!

Alguns anos atrás, aconteceu algo que jamais vou esquecer. Estava parado em uma dessas filas de carros intermináveis em São Paulo, esperando que finalmente o semáforo ficasse na cor verde e me permitisse prosseguir. Fui, então, surpreendido por uma estratégia curiosa, desenvolvida por um desses garotos que esperam o sinal fechado para ganhar alguns trocados.

Confesso que já estava um bocado curioso vendo aquele garoto com jeito simples aproximar-se da janela dos carros à minha frente e "tagarelar" rapidamente, para, logo em seguida, os vidros se abrirem e alguns reais serem oferecidos.

Fiquei imaginando: "E se o sinal abrir e eu não ficar sabendo o que era? Aguentaria a curiosidade ou voltaria para o fim da fila e tentaria ter uma nova chance?". Tive sorte: o garoto logo se aproximou do meu carro e disse: "Moço, poderia me dar um minuto de sua atenção?".

Olhei para o relógio e, instintivamente, comecei a cronometrar o tempo que ele ficaria ali. Durante aproximadamente 1 minuto, o garoto reproduziu as principais manchetes dos jornais do dia (dando até a fonte!). Ele não fazia qualquer comentário sobre a notícia, apenas a reproduzia.

Após receber o "serviço" prestado, tirei automaticamente algumas moedas do bolso e entreguei ao garoto como se fosse uma "remuneração". Antes de ele se afastar, perguntei quanto aquela atividade lhe rendia por dia. Ele, sem preocupação de guardar segredo, respondeu: "Mais ou menos R$ 80 por dia, moço".

Não sei o que aconteceu com o garoto e se alguém começou a imitá-lo, mas aquela experiência serviu para me lembrar da importância de surpreender e inovar.

Esse minicaso reforça o que foi dito diversas vezes ao longo do capítulo, por isso, achei pertinente reforçar que, de fato, não adianta ter recursos tecnológicos sem uma boa estratégia.

Mais do que um banco de dados ou outro tipo de tecnologia da informação, o garoto tinha uma estratégia bem definida e sabia aplicá-la da forma certa, no momento oportuno e para o público adequado. Outro ponto fundamental: o serviço que ele prestava ali agregava valor, ou seja, era reconhecido pelo "cliente". Por fim, um ponto que considero extremamente importante, o "pagamento pelo serviço prestado" não veio da obrigação, mas da satisfação, o que é uma grande carência das empresas nos dias atuais!

Se eu voltei a passar por lá? Não, aquele foi apenas um dia em que eu tentava achar uma entre as inúmeras ruas de São Paulo e estava totalmente perdido, acreditando que o GPS (sigla de *Global Positioning System*, que significa "Sistema de Posicionamento Global" e consiste numa tecnologia de localização por satélite), de fato, me levaria ao local desejado.

Gostou desse minicaso? Como sugeri no Capítulo 1, mande suas opiniões ou situações vivenciadas no seu dia a dia que demonstrem a prática dos conceitos desenvolvidos neste capítulo. Pode encaminhar para meu e-mail: <zenone.luiz@hotmail.com> com o título (assunto) "Casos de Atendimento e Relacionamento".

RESUMO DO CAPÍTULO

As empresas estão em busca de conhecimento sobre os clientes, da personalização de seus produtos, da captação, da retenção e fidelização para que eles não se tornem *prospects* de outras empresas. Para atingir esses objetivos, é importante salientar a implantação do CRM, cuja complexidade se baseia em quatro pilares: clientes, produtos, canais e tecnologia.

Em primeiro lugar, o cliente é a peça-chave do funcionamento da estratégia de CRM. A empresa precisa saber quem é o cliente, qual seu comportamento, quais clientes são rentáveis para a empresa, quais são maus pagadores e, o mais importante, entender que os clientes não nascem fiéis, devem ser conquistados. Para isso, é preciso criar uma visão única do cliente de forma que ele saiba que, em qualquer contato com a empresa, todos saberão quem é e o que está acontecendo com ele.

Em relação aos produtos ou serviços, é preciso entender que, se não são óbvios para o cliente, não são relevantes. É preciso desmistificar o fato de que lançar produtos e serviços no mercado meramente pela novidade não é relevante se eles não tiverem importância para o cliente. Vale lembrar que a qualidade desses produtos e serviços, os preços e prazos de entrega não são mais diferenciais, e sim deveres da empresa para com o cliente.

Pensando em canais de comunicação, a empresa tem que se preocupar com as diversas formas de contato com o cliente: *call center*, e-mail, mala direta, aplicativos de mensagem instantânea. Esses canais precisam ter a máxima sinergia, como uma dança de balé ou uma orquestra sinfônica, de forma que os clientes tenham a nítida impressão de que dentro da empresa as pessoas interagem e todas sabem o que está acontecendo com o cliente.

Quando o pilar é a tecnologia, a sustentação tem que ser forte e resistente. É preciso mapear nas empresas todos os processos que levam ao relacionamento com o cliente. Sabe-se que não se pode dimensionar a tecnologia apenas pela automatização do *call center*, mas que se deve verificar e automatizar todo o processo interno da empresa para gerar um relacionamento efetivo com o cliente. É preciso montar a infraestrutura necessária com todas as informações referentes ao cliente: o conhecimento detalhado faz que a empresa saiba quem são os clientes mais lucrativos e, com isso, possa colocar em prática ações de retenção desses clientes. Também é preciso ter uma visão precisa dos processos analíticos, de forma que a empresa possa agir de maneira oportuna e entender completamente o comportamento de sua clientela. A arquitetura tecnológica aumenta o suporte à decisão, pois tem como objetivo manter armazenado todo o histórico dos clientes.

Muito mais do que os aspectos operacional e colaborativo, que, na maioria das vezes, são processos tangíveis, o CRM analítico é estratégico para a empresa e o mais difícil de ser atingido, pois o valor do cliente é intangível. Nesse contexto, as soluções analíticas de CRM ganham importância estratégica nas empresas, pois são uma forma de apoio à decisão e direcionamento para as ações de marketing com os clientes.

O relacionamento pessoal com o cliente deve ocorrer de tal forma que ele tenha a empresa como seu "melhor amigo". Com isso, espera-se a fidelidade (ou pelo menos a retenção) dos clientes e, consequentemente, a melhora da percepção sobre a marca.

As informações sobre o relacionamento com o cliente precisam ser compiladas ou recuperadas no momento em que o contato entre a empresa e o cliente estiver ocorrendo para que se possa conhecer e reconhecer o cliente e, dessa forma, direcionar para ele os produtos, serviços e ofertas adequados. O cliente, por sua vez, estará disposto a estabelecer a preferência pela marca, a repetir a compra e a pagar mais para obter o valor agregado que lhe é oferecido.

ATIVIDADE SUGERIDA PARA O DESENVOLVIMENTO PESSOAL E PROFISSIONAL

O objetivo desta atividade sugerida é levar à reflexão sobre a prática dos conceitos desenvolvidos ao longo do capítulo a fim de incorporar a experiência profissional no texto. A proposta é que se desenvolva um texto com o seguinte tema central: "CRM (marketing de relacionamento): implantar ou não, eis a questão!". A partir desse tema, desenvolva um texto com base em seu entendimento até o momento e registre-o em um caderno de anotações. Procure apresentar conceitos, ideias e, se possível, exemplos pessoais ou de seu conhecimento que possam ilustrar sua visão sobre o assunto. Pode ter certeza de que esse texto será muito útil, caso você necessite implantar esse conceito em uma empresa ou, caso já tenha implantado, rever o projeto.

Esta atividade, assim como as demais que serão propostas nesta obra, não tem como objetivo dizer se sua avaliação é certa ou errada, mas apenas servir de reflexão e de exercício mental para seu desenvolvimento pessoal e profissional. Costumo propor esse tipo de exercício a meus alunos nos cursos que ministro e ele costuma gerar um debate muito gostoso e produtivo.

3
Call center e *contact center* como canais de relacionamento

No Capítulo 2, apresentamos o conceito de marketing de relacionamento e de *Customer Relationship Management* (gestão do relacionamento com o cliente – CRM), que se trata de um conjunto de ferramentas que tem como objetivo principal criar valor pelo conhecimento adquirido do cliente e tornar a oferta tão próxima de sua necessidade que ele tenda a ser fiel à empresa.

> Construa uma rede de relacionamento efetiva com os principais públicos interessados e os lucros serão uma consequência.
>
> [...]
>
> O marketing de relacionamento tem como meta construir relacionamentos de longo prazo mutuamente satisfatórios com partes-chave – clientes, fornecedores, distribuidores e outros parceiros de marketing – a fim de conquistar ou manter negócios com elas. Ele constrói fortes ligações econômicas técnicas e sociais entre as partes... O marketing de relacionamento envolve cultivar o tipo certo de relacionamento com o grupo certo. O marketing deve executar não só a gestão de relacionamento com o cliente (*Customer Relationship Management* – CRM), como também a gestão do relacionamento com os parceiros (*Partner Relationship Management* – PRM), que se constitui de quatro elementos principais: clientes, funcionários, parceiros de marketing (canais, fornecedores, distribuidores, revendedores, agências) e membros da comunidade financeira (acionistas, investidores, analistas) (KOTLER; KELLER, 2006, p. 16).

Como o próprio nome propõe, o conceito de CRM é bem mais do que um sistema de gestão de dados; seu objetivo principal é voltar a empresa ao cliente. Conforme desenvolvido por Bretzke (2000), o CRM é definido como um conjunto de conceitos, construções e ferramentas, compostos de estratégia, processo, *software* e *hardware*.

Em conjunto com o CRM, o *call center* transforma-se em um canal de relacionamento eficiente e eficaz, pois assume funções mais amplas, possibilitando atender aos clientes em tempo real e entregando a eles soluções customizadas e adaptadas.

> Graças ao uso eficaz de informações sobre cada conta, o CRM permite que as empresas ofereçam um excelente atendimento ao cliente em tempo real. Com base no que sabem sobre cada um deles, as empresas podem customizar seus produtos, serviços, programas, mensagens e mídia. O CRM é importante porque é um grande impulsionador da lucratividade de uma empresa é valor agregado de sua base de clientes (KOTLER; KELLER, 2006, p. 151).

O Serviço de Atendimento ao Cliente (SAC) e o *call center* têm tido um papel muito importante na gestão do relacionamento com o cliente, pois, de uma forma básica, fazem a interface entre a empresa e o mercado de atuação. Os *call centers* surgiram da necessidade das empresas de desenvolver uma infraestrutura dedicada, primeiramente, ao contato telefônico com o cliente.

> O *Call Center* está rapidamente ganhando uma nova vida à medida que os *web sites* convidam os visitantes a utilizar o número 0800 das empresas para sugestões, dúvidas etc. Alguém tem que atender essas ligações. E nos dias de hoje, ninguém da empresa, com exceção do pessoal do *Call Center*, realmente fala com os clientes frequentemente. Falar com clientes normalmente é uma habilidade dos profissionais de vendas, mas essa habilidade cada vez é mais crítica para as empresas que convidam os clientes a interagir. Dessa forma, o *Call Center* finalmente está ganhando algum respeito (PEPPERS; ROGERS, 2001, p. 10).

Atualmente, dependendo dos objetivos e do planejamento da empresa, os *call centers* concentram uma série de atividades de relacionamento cuja estrutura é baseada em tecnologias das áreas de informação, computação e telecomunicações. Segundo Peppers e Rogers (2001), é através do *call center* que praticamente todas as empresas, de qualquer tamanho e de qualquer mercado, podem obter melhorias significativas nos relacionamentos com seus clientes, seja nas vendas de serviços, seja nos produtos. Ainda segundo os autores, é perfeito para o desenvolvimento do relacionamento um a um, que é o principal objetivo do CRM. Além de interagir com o cliente na busca de soluções para problemas e reclamações de serviços, hoje o *call center* vem buscando outras formas de relacionamento com o cliente, como atender às atribuições que antes só competiam aos vendedores e ao setor de marketing das organizações.

> Tradicionalmente relegado ao segundo plano, geralmente visto como um mal necessário para ouvir reclamações dos clientes e frequentemente situado em um canto do edifício, o *Call Center* quase sempre não tem o respeito e o apoio do alto nível executivo da empresa (PEPPERS; ROGERS, 2001, p. 10).

Para as empresas que entenderam a importância de ter foco maior no cliente e perceberam que o relacionamento é seu maior patrimônio, o *call center* está se tornando um grande aliado no processo de manter um relacionamento satisfatório e duradouro para todos os envolvidos (*stakeholders*).

> Muitas vezes visto e apresentado com um certo descrédito, o *call center* nem sempre é tratado com a devida importância dentro das empresas. Em vez de ser visto como um centro de investimento e lucro, esse setor é deixado de lado e encarado como um centro de custo, sendo sempre esquecido entre os planejamentos estratégicos.

Bretzke (2000) afirma que já não basta ter um serviço de telemarketing (0800) para atender ao cliente a qualquer dia ou hora. É preciso agregar mais valor (serviços), interagindo com o cliente de forma integrada (todas as áreas organizacionais), principalmente com esforços de marketing e vendas, para que a percepção positiva em relação à marca não seja perdida. O *call center* é um canal de relacionamento que permite oferecer ao cliente muita conveniência e uma comunicação direcionada, tanto para a empresa, que muitas vezes não precisará investir em esforços de deslocamento até o cliente, quanto para os clientes, que terão um meio prático de acesso à empresa.

> O número do telefone de uma pessoa ou empresa é único e permite acessar diretamente aquela pessoa ou empresa, constituindo-se num meio de comunicação pessoal. A chamada telefônica pode ser originada pelo vendedor ou pelo cliente, permitindo a

> interação para obter maiores informações e/ou reclamar, gerando um envolvimento pessoal que nenhuma outra mídia é capaz de proporcionar. A efetividade do telemarketing deve-se ao fato de as pessoas terem uma tendência natural a responder a uma chamada telefônica, portanto constituindo-se numa mídia mais eficaz que a mala-direta. O telemarketing desempenha um papel fundamental na estratégia de CRM, pois é o principal canal de comunicação bidirecional com os clientes, respondendo em média por 70% de todas as interações entre o cliente e a empresa. No caso de alguns segmentos como assinatura de jornal ou revista, esse número pode chegar a 100%, constituindo-se no único canal de comunicação dos assinantes da empresa. Portanto, é no *Customer Care* (atendimento ao cliente) que o *Call Center* torna-se o centro da estratégia de CRM em que, por meio de um número 800, um *site* na Internet e outros meios, a empresa oferece a oportunidade de comunicação ao cliente para obter mais informações, comprar ou reclamar sobre algum problema (BRETZKE, 2000, p. 39).

Para que um *call center* se transforme efetivamente em um canal de relacionamento, são necessárias algumas mudanças na estrutura organizacional. Além disso, o apoio de todas as áreas da empresa é imprescindível para que ele tenha a devida importância dentro da gestão de negócios da empresa e, também, a autonomia necessária para o desenvolvimento de ações adequadas ao cliente.

> Algumas mudanças na estrutura organizacional podem ser mais bem conduzidas se a empresa estiver focada no cliente. A proposta da estratégia de gerenciamento do relacionamento, pelas soluções que oferece, pode criar bases para algumas mudanças organizacionais e acelerar o processo na cultura organizacional. Portanto, para que a empresa aumente a agilidade da resposta e dê maior autonomia para as pontas do relacionamento com o cliente, alguns caminhos precisam ser percorridos: reduzir os níveis organizacionais; privilegiar os processos que facilitem o fluxo do pedido e das informações; diminuir a departamentalização excessiva que trava e impede o fluir rápido da decisão; e oferecer condições e valorizar a cooperação entre as pessoas e departamentos. É preciso reestruturar-se para relacionar-se. Essa mudança garante que a empresa terá o retorno sobre o investimento previsto, principalmente em tecnologia, pois estará preparada para cumprir a promessa de reconhecimento da oferta de serviços superiores que são os pré-requisitos da estratégia de relacionamento (BRETZKE, 2000, p. 17-18).

Dessa forma, praticamente todas as empresas, independentemente do porte ou do mercado em que atuam, podem obter melhorias significativas nas relações com os clientes e nas vendas de produtos e serviços através de um *call center*.

3.1 A EVOLUÇÃO DO SAC AO *CONTACT CENTER*

O SAC evoluiu, assumindo várias funções que antes eram descentralizadas em diversas áreas e departamentos, passando a gerenciar um grande número de informações de mercado em tempo real, oferecendo mais serviços de valor agregado ao cliente e também dando suporte às áreas internas da empresa (Figura 3.1).

Receptiva → Qualidade → Fidelização → Relacionamento

Figura 3.1 A evolução do SAC.

Na chamada *fase receptiva*, os SACs foram implantados na maioria das vezes de maneira precária com funcionários de baixa qualificação e despreparados para o volume de atividades. A missão inicial era atender às reclamações dos clientes, evitando, assim, problemas com o Procon, o que levaria a ter a imagem da empresa exposta na mídia.

Com o desenvolvimento do Programa de Qualidade Total nas empresas, o SAC passou a considerar a satisfação do cliente um fator importante e, portanto, necessário de ser monitorado. Nessa fase, ocorreu a informatização do serviço de atendimento com a modernização dos equipamentos de telefonia e treinamento para os operadores (equipe de atendimento), porém, em muitas empresas essa atividade era – e ainda é – vista como um custo.

Caminhando um pouco mais na evolução do SAC, as empresas perceberam que era possível aumentar a rentabilidade com os clientes através de um vínculo mais forte, ou seja, o SAC passou a ser um elemento importante na busca da fidelização. A qualidade do diálogo, aliada ao desenvolvimento de uma estratégia de negócios baseada no relacionamento, passou a ser uma atividade do serviço de atendimento, que ganhou o *status* de *call center*.

Mais recentemente, o *call center* assumiu de modo definitivo a postura de interagir com o cliente, visando conquistar sua lealdade, agregando um valor extra ao produto ou serviço, tornando-se uma atividade fundamental no processo de transformar oportunidades em receita. O *call center*, portanto, assumiu o papel central de atividades que incluíam marketing e vendas.

Alloza e Salzstein (2003) afirmam que o termo *call center* é uma evolução do conceito de *central de teleatendimento*, marcada pela integração da informática com a telefonia, utilizada nas centrais de telemarketing. Do ponto de vista conceitual, o *call center* atual envolve três elementos básicos: o primeiro deles é o *hardware*, com as ferramentas que nos fornece, tais como PABX, *database*, telecomunicações etc. Em segundo lugar, vem o *software*, ou seja, um conjunto de programas que ajuda a empresa a alcançar as soluções mais eficientes; por último, vêm os profissionais dessa área, na qual as pessoas – os talentos humanos, a cultura do usuário e a competência operacional – voltam a ter sentido estratégico (Figura 3.2).

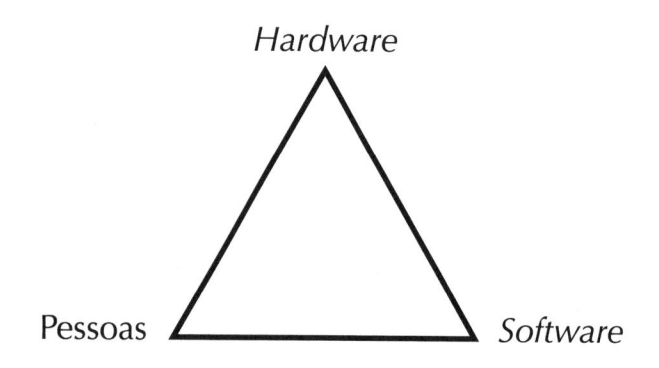

Figura 3.2 Três pontos fundamentais do *call center*.

O diálogo não apenas agrega valor ao cliente, mas também pode proporcionar o seguinte:

- A empresa pode identificar se existe alguma insatisfação no atendimento, o que lhe permitirá alterar suas ações de relacionamento antes

que o cliente decida trocar de fornecedor (a maioria dos clientes troca de fornecedor pela baixa qualidade no atendimento).
- Durante o contato, o cliente pode fornecer ideias para o desenvolvimento de novos produtos e/ou serviços ou formas de comercialização. Sendo bem utilizado, o *call center* é um instrumento de pesquisa eficaz.
- Além de possibilitar fidelizar o cliente atual, através do *call center*, a empresa poderá prospectar novos clientes.
- Em conjunto com as demais ferramentas de comunicação (propaganda, publicidade, promoção de vendas e *merchandising*), através do *call center*, a empresa poderá se comunicar diretamente com os clientes (e também com os diversos públicos de interesse), levando a oferta ou a informação mais adequada de forma personalizada ou customizada. O *call center* fornece, ainda, um importante apoio para estratégia de comunicação da empresa, se aliando ao composto mercadológico.

Esses são apenas alguns exemplos de valor para a empresa que implementaram o *call center*. Algumas outras possibilidades podem ser incorporadas a essa ferramenta de negócios e serão apresentadas ao longo deste capítulo.

Atualmente, o *call center* une os sistemas de informática ao sistema de telefonia, denominado *Computer and Telephony Integration* (CTI), possibilitando a integração das funções de telefone, voz, dados dos consumidores e *databases*. Com o CTI, os computadores e sistemas de telefonia podem trocar comandos e mensagens com os sistemas periféricos. Permite o roteamento inteligente de chamadas, faz surgir telas adequadas no terminal do operador a cada situação e possibilita a integração com outras mídias, como Unidade de Resposta Audível (URA) ou *Interactive Voice Response* (IVR). Além de oferecer total confiança e segurança ao cliente – pois sabemos quem é ele e quais são suas necessidades –, é a base perfeita para o CRM na geração dos relatórios, que são vitais na sinalização do mercado para a empresa.

Quanto aos sistemas de informática necessários aos atendimentos e à geração de relatórios, o mercado nos apresenta uma infinidade de boas soluções, variando em robustez e diversidade em aplicativos e interação com outros sistemas legados. Existem soluções para as pequenas, médias e grandes empresas que apresentam evoluções escalonáveis, dependendo das necessidades futuras. Basta ter cuidado, na otimização de custos, para não adquirir sistemas com dimensionamento não utilizável para as reais necessidades, pois esse investimento nunca trará um retorno a curto prazo.

Com essa evolução constante e também com a incorporação de um número cada vez maior de atividades, o *call center* vem se transformando em *contact center*. Madruga (2009) define o *call center* como uma atividade estratégica das empresas que procuram se diferenciar em um mercado competitivo e o define como:

> Uma central de relacionamento interativa (ativa e receptiva) dotada de tecnologia, pessoas, processos, indicadores, facilidades operacionais, telecomunicações e serviços que atendem às demandas da sociedade tais como pedidos de informações, reparos, assistência técnica, compras de produtos ou serviços, indicações ou mesmo reclamações. Um *call center* moderno traz diferenciais competitivos para as empresas e ao mesmo tempo cumpre o papel social de atender, aproximar e auxiliar as pessoas" (MADRUGA, 2009, p. 31).

Para Melo (2007, p. 22), o *contact center* nada mais é do que o *call center* munido de outras ferramentas tecnológicas.

> Vale destacar que nos últimos anos um novo conceito vem se apresentando, trata-se dos *Contacts Centers*, que nada mais são que *Call Centers*, que possibilitem a comunicação não apenas pelo telefone, permitindo a convergência de várias mídias com o consumidor, como também através de *e-mails*, fax e *webchats*, além da utilização de outros instrumentos tecnológicos capazes de baratear o custo das operações, a exemplo do URA (Unidade de Resposta Audível) e do VoIP (voz sobre IP). Entretanto, mesmo que alguns *Call Centers* não se denominem como *Contact Centers*, estes operam de forma ampla como tais.

O *contact center* passou a agregar vários componentes, como o telefone tradicional, e-mails, aplicativos (*smartphones*), SMS, WEB, *chats*, redes sociais etc. Dessa forma, o canal oferece mais agilidade e comodidade aos clientes, abrindo perspectivas de incremento de receita.

As soluções de *contact center* permitem aumentar a produtividade e melhorar a qualidade do atendimento, ao mesmo tempo que fornecem às empresas a capacidade de adquirir uma visão mais ampla e precisa de seus clientes. Os *contact centers* permitem dar suporte a múltiplos serviços tanto para o público interno como para o público externo da empresa, tais como: o suporte técnico a clientes internos e externos, apoio na gestão comercial, esclarecimento de dúvidas (internas e externas), registro de pedidos de encomendas, apoio técnico, entre muitos outros.

Os *contact centers* possibilitam ainda a realização de campanhas de marketing e venda, promoção de produtos e serviços, pesquisas (de satisfação de clientes, de prospecção de mercado e sondagens), pedidos a fornecedores, serviços de cobranças etc.

3.2 AS FUNÇÕES ESTRATÉGICAS DO *CONTACT CENTER*

Um *contact center* pode oferecer uma grande variedade de atividades e contribuir para muitas ações de marketing, vendas e serviços para os clientes.

Do ponto de vista de marketing, através do *contact center* a empresa pode realizar diversas pesquisas, como, por exemplo, pesquisa de satisfação de clientes, pesquisa de oportunidade de vendas, pesquisa de administração de marketing, entre outras.

- **Pesquisa de satisfação de clientes:** consiste em analisar e mensurar o que os clientes estão pensando, sentindo e fazendo sobre os processos, produtos e serviços da organização, empresa ou área. O resultado desse mecanismo de pesquisa possibilita à empresa identificar as informações necessárias para o desenvolvimento de ações mais adequadas aos clientes.
- **Pesquisa de oportunidade de vendas:** como o próprio nome sugere, possibilita à empresa identificar oportunidades de novos produtos e serviços, novas formas de comunicação, de comercialização, atuar em diferentes nichos de mercados e até mesmo desenvolver novos negócios.
- **Pesquisa de administração de marketing:** analisa o comportamento do composto mercadológico (estratégias de produto, preço, distribuição e comunicação) junto ao cliente. Esse tipo de estudo avalia o grau de eficiência das ações de marketing realizadas pela empresa e mensura seus resultados (métricas).

Além das pesquisas mencionadas, o *call center* pode gerenciar uma lista de clientes e qualificar um grupo de *prospects*. O maior desafio das empresas que buscam manter o relacionamento com seus clientes é ter um *database* atualizado e qualificado de forma que seja fácil identificar esses clientes e desenvolver ações de maneira satisfatória. Outras atividades podem ser desenvolvidas, tais como lançamento e monitoramento de campanhas de comunicação personalizadas. Através do *call center*, a área de marketing poderá direcionar a mensagem correta para o cliente certo no momento oportuno.

Do ponto de vista do vendedor, através do *call center*, a empresa poderá agendar uma visita e fornecer informações complementares necessárias para a concretização do negócio. Algumas funções de vendas também podem ser desenvolvidas, como *cross-selling* e *up-selling*, entre outras tratadas no Capítulo 2, oferecendo serviços complementares que agreguem valor ao cliente.

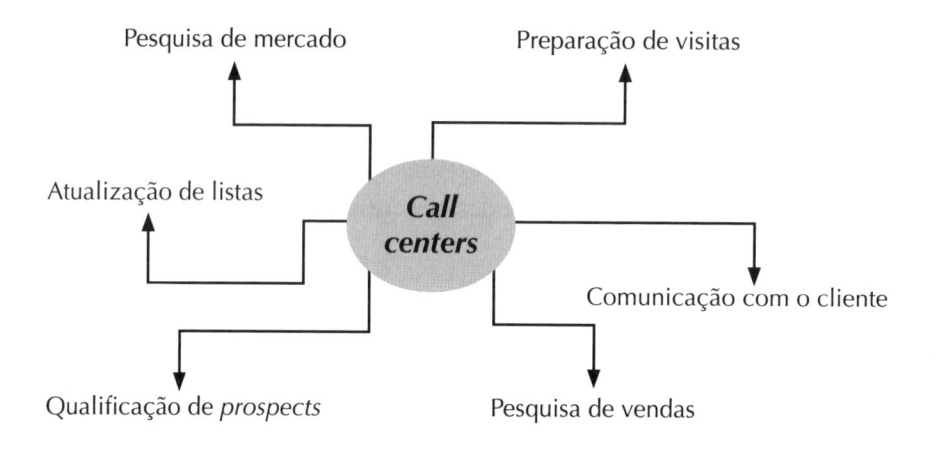

```
        Pesquisa de mercado        Preparação de visitas

Atualização de listas        Call
                            centers
                                     Comunicação com o cliente

Qualificação de prospects      Pesquisa de vendas
```

Figura 3.3   Algumas funções estratégicas do *call center*.

Como vimos, o *contact center* amplia significativamente as funções estratégicas do *call center*, pois incorpora os benefícios da internet e outras formas de contato que atualmente estão disponíveis para as empresas, como, por exemplo, o uso do *mobile* marketing. Através da WEB, a empresa poderá disponibilizar uma série de serviços e formas de comunicação personalizadas, como: *home page* personalizada; acesso a literatura e a outras informações sobre produtos e serviços da empresa; compra de produtos (cestas de compras); acompanhamento do pedido; *database* com as perguntas mais frequentes etc.

Assim, o *call center* e o *contact center* se transformaram em uma peça importante nas estratégias de atendimento na medida em que processam os contatos de pré-vendas, vendas ou atendimento aos clientes, alimentando os *databases* e usando-os para gerar oportunidades de diversas formas de interação.

É importante reforçar que o *call center* e o *contact center* possibilitam e viabilizam o relacionamento não apenas com os clientes externos, mas também com os diversos públicos internos da empresa. Dependendo do porte da empresa, o *call center* permite o contato com filiais, escritórios de vendas, vendedores, parceiros, distribuidores, entre outros.

3.3 A TECNOLOGIA DO *CONTACT CENTER*

Para agilizar os processos de atendimento ao cliente, é necessário que o *contact center* seja dotado de uma tecnologia adequada. Para isso, utiliza-se a tecnologia do *Computer Telephony Integration* (CTI), que é a integração da TI com os recursos de telefonia (BRETZKE, 2000).

De acordo com Melo (2007), o aparato tecnológico empregado nos *contact centers* é extenso.

> O aparato tecnológico empregado é extenso, possibilitando o uso de várias tecnologias como *e-mails* (empregado em 72% dos *Call Centers* brasileiros); fax (empregado em 67% dos *Call Centers* brasileiros); *webchat*; reconhecimento de voz (URA – Unidade de Resposta Audível); gerenciamento de demanda de chamadas; CRM (Customer Relationship Management) e voz sobre IP (*Internet Protocol*). É comum o uso de sistemas modulares, que são capazes de proporcionar uma maior flexibilidade ao *Call Center*, no caso de um aumento inesperado no fluxo de ligações, a empresa terá maior facilidade em adequar sua estrutura à nova demanda, ou mesmo reduzi-la se assim for necessário (MELO, 2007, p. 27-28).

As principais tecnologias utilizadas em um *call center* são as seguintes:

- **URA ou IVR:** essa tecnologia permite um atendimento eletrônico capaz de limitar a necessidade de atendimento humano. O cliente pode receber informações do sistema por meio de voz gravada (e digitalizada) ou de uma voz sintetizada. Com esse recurso, a chamada telefônica será direcionada à URA, que oferecerá um menu de opções e solicitará ao cliente que tecle ou use o comando de voz para a opção desejada.
- **VoIP:** é uma tecnologia que permite a transmissão de voz por meio da internet. Esse recurso vem sendo cada vez mais utilizado nas empresas, pois seu grande diferencial é a possibilidade de redução dos custos. O VoIP não é uma tecnologia nova – ela já era trabalhada antes mesmo da popularização da internet e chegou a ser considerada um

fracasso pelo fato de a velocidade de transmissão de dados ser baixa naquela época, impedindo-a de se tornar funcional na maioria das redes (ALECRIM, 2005).

- **Sistema modular:** os módulos podem ser constituídos de acordo com as operações realizadas na central de atendimento, ou seja, em módulos de monitoramento, dados cadastrais, CRM, acompanhamento e avaliação de resultados, entre outros. A grande vantagem dos sistemas modulares é a flexibilidade que esse sistema fornece, permitindo que a central ajuste suas necessidades com maior facilidade, instalando módulos adicionais ou, no caso de uma retração, delimitando-os (MELO, 2007).
- **Monitoramento:** é um sistema capaz de monitorar os operadores em tempo real, sem que eles percebam que estão sendo monitorados. O objetivo desse sistema é identificar problemas com o atendimento, para assim melhorar os serviços ao cliente.
- **Retaguardas:** através desse sistema, as chamadas que são atendidas passam a ser direcionadas aos atendentes com o perfil adequado para o atendimento daquela ligação. Esse filtro pode ser feito de muitas maneiras: por região geográfica, por tipo de produto ou por classe de cliente (MELO, 2007).
- **Multiplataforma:** é a possibilidade de reunir serviços de recebimento de e-mails, *webchat* e atendimento telefônico em uma mesma plataforma, aumentando as formas de comunicação com os usuários do *contact center*.
- **CRM:** como tratado no Capítulo 2, o CRM é uma ferramenta muito importante nos *call centers* que buscam construir relacionamentos com seus clientes.

3.4 O CAMINHO PARA A EXCELÊNCIA NO ATENDIMENTO

A partir do que foi desenvolvido até o momento neste capítulo, é importante resgatar alguns pontos. O primeiro é que as empresas da atualidade não estão no mesmo estágio no que diz respeito à forma como atendem ao cliente e ao tipo de estratégia de relacionamento que adotam nesse canal de atendimento. Isso ocorre, sobretudo, por dois fatores principais: falta de concorrentes que possam incomodar de fato a empresa e interferir na comercialização de seus produtos e serviços; uma pouca cobrança de grande parte dos consumidores, que simplesmente se acomodam com a forma como são atendidos em suas necessidades ou com o tratamento que recebem da equipe de atendimento.

Isso faz com que muitas empresas ainda estejam no estágio inicial em relação à proposta de *contact center* tratada nesta obra, se é que podemos chamá-la assim, pois se restringem a receber o contato do cliente e a tentar minimizar possíveis efeitos negativos que a recusa no atendimento pode causar. Essas empresas empenham-se mais em se resguardar do que em se relacionar com os clientes.

Evidentemente, há empresas que já conseguem estruturar um atendimento de excelência incorporando tecnologia a seus processos e trabalhando o perfil dos atendentes para agregar valor ao contato, mas elas ainda são minoria.

Outro ponto que deve ser reforçado é que utilizar o atendimento aliado à estratégia de relacionamento permitirá que a empresa atinja os objetivos estratégicos para o negócio. Mas, para isso, deve alinhar-se à estratégia a gestão de negócios, ou seja, os processos organizacionais devem dar suporte às ações propostas para o atendimento e contar com um grupo de colaboradores motivados e comprometidos com os resultados que a empresa almeja atingir. É preciso não se esquecer também da tecnologia que será utilizada em todo esse processo, que contribuirá para o aumento da eficiência de toda a estratégia.

Mas será que, se a empresa desenvolver todos esses pontos, terá certeza dos resultados desejados para o negócio? E se já pratica ou desenvolve todos esses pontos, os resultados previstos serão alcançados? Obviamente, a resposta é "não", mas pelo menos estarão aumentando a chance de que o que foi planejado aconteça, já que em qualquer processo de comercialização existem muitas variáveis.

Além disso, existe um aspecto que foi tratado superficialmente até aqui, mas que faz toda a diferença em uma estratégia de atendimento, que é a capacidade que as pessoas da empresa têm em se relacionar. Nesse caso, não estamos falando de técnicas de marketing de relacionamento, mas de comportamento e atitude humana. Assim, para se obter a excelência no atendimento, deve-se recuperar uma questão que ficou um pouco esquecida diante da modernidade dos negócios e do aparato tecnológico disponível: **pessoas devem gostar de pessoas e, para isso, devem saber se relacionar!** Relacionar-se, seja com clientes, fornecedores, colaboradores, formadores de opinião, parceiros, seja com a sociedade em geral é algo que faz parte do dia a dia de uma organização e deve ser a base de qualquer atividade comercial. Não importa se eu vendo um produto ou serviço, se sou uma indústria ou um intermediário, se minha empresa é gigante ou micro – o que todas têm em comum é que se relacionam com outras pessoas e o que varia é a quantidade de relacionamento, e não a qualidade, que jamais deve ser alterada por fatores comerciais ou econômicos.

Isso é fácil? Claro que não. Se fosse, não haveria tantos conflitos no atendimento. Você já observou a quantidade de reclamações e desgastes gerados para ambos os lados de uma relação comercial devido a problemas no atendimento? É, porém, esperado que isso aconteça; afinal, as pessoas não são contratadas, preparadas e motivadas para se relacionar com outras. A vida não lhes ensinou isso, elas não sabem nem percebem essa necessidade. O que estou dizendo é que, para se obter a excelência no atendimento, o ponto fundamental na estratégia é o relacionamento com as pessoas.

Relacionar-se é algo dinâmico, pois acontece várias vezes durante uma relação comercial e modifica-se a todo instante. As pessoas não são as mesmas, elas têm objetivos, comportamentos e expectativas diferentes. A cada contato, essas percepções se modificam. Uma mesma pessoa é diferente em momentos diferentes, e, dependendo da forma como você realizar o contato, sua atitude também se modifica. Tente observar uma pessoa realizando um contato pessoal, frente a frente com um vendedor, e essa mesma pessoa realizando o mesmo contato através de um site. Você verá que sua atitude e seu comportamento se modificaram.

Todo ser humano é composto de energia, que está constantemente vibrando e recebendo influências do ambiente em que está inserido. Isso significa que, dependendo da energia que ele recebeu do ambiente (se foi positiva ou negativa), ela terá impacto direto em seu comportamento em um dado instante. Imaginem isso acontecendo com os diversos "atores" com os quais as empresas se relacionam em suas atividades comerciais. É importante entender que se do lado do mercado existe essa dinâmica nos relacionamentos, do lado da empresa isso não é diferente, pois os colaboradores estão sujeitos a mudanças no comportamento devido à energia que recebem, pois também são **pessoas**.

Algum tempo atrás, entrei em uma loja que costumo frequentar e onde sempre gosto de ser atendido por um colaborador que é muito atencioso e prestativo. Para minha surpresa, naquele dia ele se encontrava no auge da discussão com uma cliente. Foi necessária uma intervenção do segurança do estabelecimento e de seus superiores. Não acreditei no que estava vendo e esperei as coisas se acalmarem. Depois, me aproximei do colaborador (cujo nome e empresa prefiro não mencionar) e tentei entender o que havia presenciado, pois aquilo não era compatível com a percepção que eu tinha dele.

Já mais calmo, ele se abriu e eu descobri que seu fim de semana tinha sido de muito desgaste físico, mental e espiritual: um de seus filhos ficou muito doente, o que o obrigou a dar à criança o máximo de atenção e carinho. Ou seja, ele não tinha mais o que oferecer ao cliente, esgotou tudo com a família. Evidentemente, eu me coloquei à disposição para ajudá-lo de alguma forma, ao que ele se mostrou agradecido, e em seguida deixei o local. Não era um bom momento para comprar, pois eu também havia me desgastado com tudo aquilo.

Dias depois, voltei à loja e fui recebido por ele com a atenção e a competência costumeiras. Seu filho estava bem e ele demonstrava um certo alívio e estar preparado para me atender. Então, comprei o que desejava.

Com toda a situação, podemos perceber o quanto somos diferentes a cada momento e como situações do nosso dia a dia interferem em nossas relações. Percebemos também que a empresa não estava preparada para dar suporte ao colaborador. É claro que ele não podia atender a ninguém naquele dia. Não seria, então, melhor colocá-lo em uma função em que não fosse necessário o contato direto com o cliente? Não seria o caso de dispensá-lo naquele dia e pensar em uma forma de ele repor as horas que ficasse devendo? Sem dúvida, a empresa não tinha um plano nem preparo para um caso como aquele.

Sou cliente antigo da loja e a situação não foi suficiente para que eu deixasse de ter uma relação comercial com o estabelecimento e com aquele colaborador. Mas o que será que aconteceu com a cliente que vivenciou a situação aquele dia? Será que ela voltará a comprar lá? Quanto a empresa vai deixar de lucrar no decorrer dos anos por ter perdido aquela cliente? Quantos outros clientes ela influenciará negativamente? E a pergunta mais importante de todas: O que será que a empresa aprendeu com a situação e como vai se preparar para evitar ou conduzir melhor casos desse tipo? A questão central não está baseada no que a empresa perdeu, mas no que ela aprendeu e no que tirou de experiência daquela experiência.

As empresas ganham dinheiro não pelos produtos ou serviços que vendem – talvez essa seja a maior miopia –, mas sim pela forma como ocorre a interação com todos os públicos de interesse. O resultado de um negócio virá da capacidade que uma empresa tem de viver em harmonia com todos os envolvidos e de se preparar para conviver com as diferenças, que se apresentam de formas cada vez mais dinâmicas.

Outra característica fundamental para um atendimento "*premium*" é aprender a observar e compreender cada situação que se apresenta. Identificar um cliente não é apenas coletar dados como nome, endereço, formas de pagamento etc. Isso pode ser até bom, mas o fundamental é poder compreender como as pessoas se comportam, como reagem a determinadas situações, compreender por que procuraram aquela empresa, o que as levou a não procurar outra etc. Com base nessas percepções mais profundas, a empresa deve então buscar a melhor maneira de atendê-las.

Buscar a melhor maneira de atender significa compreender também quem é a empresa, quem são os colaboradores, por que e para que a empresa existe, fazer uma análise sobre a capacidade organizacional, sobre a cultura, os valores, a missão e os objetivos da empresa. Bom, agora chegamos ao ponto que havia sido tratado anteriormente, ou seja, processos, tecnologia, estratégias. Veja bem: todas essas questões são o "meio", e não o princípio ou o fim de um negócio!

Em se tratando de estratégia, ela deve ser integradora, ou seja, deve buscar o engajamento dos envolvidos a partir de um processo de atendimento interativo, ético e responsável. Engajamento, do ponto de vista do atendimento, é a atenção que as duas partes da relação comercial oferecem uma para a outra e o interesse que compartilham. É fazer o cliente sentir prazer em ser parte da relação comercial, o que é o verdadeiro conceito de "trazer o cliente para dentro da empresa".

A estratégia deve também se pautar pelo respeito aos envolvidos. Muitas ações de fidelização e estratégias de atendimento transformam o relacionamento em obsessão – querem conquistar ou manter o cliente a todo custo, fazem estripulias mercadológicas para "prender" o cliente em um programa, ameaçam ou constrangem o consumidor... Essa estratégia está totalmente equivocada, pois as pessoas não gostam de se sentir presas a nada, não gostam de ameaças, fogem de situações que as deixem constrangidas.

Deve-se compreender que um princípio humano intocável é o livre-arbítrio, ou seja, a liberdade de ser e de agir. As estratégias de atendimento e os programas de relacionamento e fidelização parecem não entender isso. O desrespeito é tão alto que foi preciso criar um Decreto-lei (6.523, de 31 de agosto de 2008) que fixasse normas gerais sobre o atendimento ao consumidor. Um verdadeiro absurdo, pois, se as empresas simplesmente agissem de forma respeitosa, ética e responsável, ou seja, fizessem o que lhes cabe, nada disso seria necessário. O Decreto trata de coisas óbvias e inquestionáveis do ponto de vista comercial, mas porque as empresas não cumprem seu papel foi necessária uma intervenção governamental.

Como toda relação é dinâmica, mutável e circunstancial, para que se alcance a almejada excelência no atendimento será necessária uma gestão flexível e ágil. Do ponto de vista mercadológico, isso implica a possibilidade de personalizar um produto ou serviço, desenvolver a estratégia de preço conforme o valor agregado solicitado pelo cliente, oferecer diversas plataformas de comercialização para adequar a conveniência pretendida e uma comunicação direta, interativa e de acordo com o perfil, o comportamento e a necessidade demonstrados naquele momento pelo consumidor.

Por último, deve-se estabelecer as métricas necessárias para acompanhar e monitorar todos esses processos e princípios. Podemos destacar algumas formas básicas de relacionamento entre o consumidor e as empresas que permitem esse acompanhamento/monitoramento: SAC, Serviço Fale Conosco e Ouvidoria.

1. O **SAC** é um serviço de relacionamento com o cliente (e, também, com o mercado de atuação da empresa como um todo), presencial ou a distância, destinado ao contato por meio de processo de trabalho em geral preestabelecido (*scripts*) e que trata de questões ou problemas geralmente de menor complexidade. Caracteriza-se pela impessoalidade; não desenvolve atendimento personalíssimo, nem promove a tomada de decisão interna da empresa em virtude do conteúdo do atendimento. O SAC costuma ser responsável pelo serviço de pós-venda ou pós-marketing.

2. O **Fale Conosco**, comum na internet, mas também utilizado através do telemarketing receptivo, tem como objetivo uma aproximação maior com o público-alvo da empresa, muitas vezes permitindo dar um tratamento mais específico aos problemas, mas não é comum intermediar soluções que extrapolem o poder de atuação do atendimento. Registra todos os contatos realizados, envia ao setor ou à pessoa responsável na empresa pela questão tratada, dando tratamento estatístico às informações tratadas, no entanto, não tem a função de propor alterações na gestão estratégica da organização. Geralmente, sua esfera de atuação se limita à análise de dados.

3.5 O PAPEL DA OUVIDORIA/*OMBUDSMAN* PARA AS ATIVIDADES DE PÓS-ATENDIMENTO

A Ouvidoria/*ombudsman* atua no pós-atendimento, na mediação de conflitos entre o consumidor/cliente e empresa. Procura personalizar o atendimento ao usuário e individualizar o tratamento da mensagem. O registro dos contatos visa gerar dados estatísticos que promovam alterações nos processos internos de trabalho e no comportamento dos profissionais responsáveis. O ouvidor/

ombudsman é um profissional contratado por um órgão, instituição ou empresa que tem a função de receber críticas, sugestões, reclamações e deve agir em defesa imparcial da comunidade.

> A ouvidoria/*ombudsman* estabelece um elo de confiança entre o cidadão e o gestor ou entre a empresa e o mercado de atuação com o objetivo principal de buscar soluções eficazes para as manifestações apresentadas pelo mercado em que a empresa atua. Por meio da Ouvidoria, o consumidor pode fazer elogios, denúncias, críticas, reclamações e prestar orientações.

A ideia sobre um cargo similar ao de *ombudsman* data da década de 1660, quando o rei da Suécia buscara um súdito que controlasse as atividades dos juízes do reino; tal busca só teve fim em 1809, quando foi implantada a figura do *ombudsman*, resultante da promulgação da Constituição, instalada pelo governo da pós-revolução burguesa. A implementação do cargo de *ombudsman*, desde seu surgimento, teve ligação com a produção dos direitos particulares. Ele não ficou restrito à Suécia; em 1919, a Finlândia, e, em 1946, a Dinamarca o adotaram. A partir de 1950, mais de 70 países implementaram o cargo, 12 deles localizados na América do Sul e no Caribe. Em geral, o *ombudsman* tem um mandato com duração de 4 a 6 anos, que pode ser renovado sem limites (a única exceção é a França, onde o mandato de 6 anos não pode ser renovado). O *ombudsman* entra primeiramente nas empresas de jornalismo, depois no setor bancário e, posteriormente, em outros segmentos, tendo melhor atuação no varejo.

Atualmente, o termo é usado tanto no âmbito privado como no público para designar um elo imparcial entre uma instituição e sua comunidade de usuários.

O *ombudsman* é um canal de comunicação que estreita esse relacionamento, permitindo que a organização seja mais assertiva na definição de suas estratégias para os clientes. Deve ser um intermediador da organização, ter autonomia para defender os interesses dos clientes (internos e externos), desempenhar um papel incorporado ao processo de fidelização, ou seja, um instrumento que propicie a interação com os clientes, que precisam sentir confiança nesse processo, pois é a confiança que permite iniciar a fidelização. Ao ouvir os clientes, o *ombudsman* capta informações cruciais para a estratégia organizacional, que envolve todas as áreas da empresa.

A implementação do *ombudsman* em uma organização indica sua preocupação em deixar de ser apenas reativa às reclamações ou comentários, sanando o problema após o cliente tê-lo detectado e se manifestado através de ligações ao SAC, caixa de sugestões ou outros serviços de atendimento similares a esses, que delegam a responsabilidade de reclamar, sendo apenas canais receptivos e muitas vezes ineficazes, pois geram custos ao tentar resolver tais queixas. Por outro lado, com a atuação do *ombudsman*, tem-se uma proatividade, já que ele busca as informações importantes junto aos clientes, servindo de fonte de informação, possibilitando à empresa adaptar ou criar novas estratégias mercadológicas adequadas às necessidades do mercado.

ESTUDO DE CASO – PEQUENOS GESTOS E ATITUDES NO ATENDIMENTO PODEM GERAR GRANDES RESULTADOS

Quando viajo para Goiânia a trabalho, costumo ficar hospedado sempre no mesmo hotel, mais pelo hábito do que pelos serviços, comodidade e conveniência que ele possa oferecer.

Nas últimas vezes em que estive hospedado lá, uma coisa me chamou a atenção: todas as noites, ao voltar para o quarto, encontrava a cama sempre bem arrumada, um formulário de pesquisa de satisfação e, sobre ele, um bombom e uma caneta. Todos os dias, minha reação foi a mesma: comia o bombom e tirava a caneta e o formulário de cima da cama sem ler o que dizia, por entender que já conhecia aquele tipo de pesquisa e seu propósito.

Nova hospedagem e uma estratégia parecida: o número de bombons aumentou para dois. Minha reação continuou a mesma. Na hospedagem seguinte, já cheguei ao quarto com alguma expectativa: será que eles tinham aumentado o número de bombons? Bingo! Havia três bombons sobre a cama, então, resolvi que daquela vez daria pelo menos uma olhada no conteúdo da pesquisa. Achei-a normal, ou seja, envolvia perguntas do tipo "o que achava do quarto, da limpeza, dos serviços etc.". Continuei sem vontade de responder.

Na quarta vez em que me hospedei lá, já acostumado com os bombons, entrei no quarto e olhei diretamente para a cama. Dessa vez, o formulário estava embaixo de uma carta, escrita à mão no papel de anotações que fica sempre ao lado do telefone, como se fosse um recado. E, é claro, também estavam lá os costumeiros bombons e a caneta. O conteúdo da carta era o seguinte: *"Bom dia, Sr. Luiz Claudio Zenone! Para mim, é uma grande satisfação ter o senhor como hóspede em nosso hotel. Seja bem-vindo mais uma vez e tenha uma ótima estadia e um ótimo dia. Espero que a arrumação esteja do seu agrado. Vou deixar o formulário de pesquisa. Se desta vez o senhor puder preenchê-lo, agradecemos, pois sua opinião é muito importante para nós. Muito obrigado. Assinado: Camareira Hilda".* Mediante a carta, imediatamente abri o formulário e o preenchi com toda a atenção e o carinho. Afinal, gentileza gera gentileza!

O fato de a camareira humanizar a relação comigo fez toda a diferença, não só porque me tratou pelo nome ou me deu bombons, mas porque adicionou carinho, atenção etc. A atitude adotada pela colaboradora é o que venho defendendo nos últimos anos para o marketing e para o atendimento. A maioria das pessoas muda de produto ou de marca devido à falta de um contato humanizado ou de receber pouca atenção durante o relacionamento.

Quando um cliente está satisfeito com um produto e encantado com o atendimento, estabelece uma relação de preferência com aquele fornecedor. Se ele estiver satisfeito com o produto, mas insatisfeito com o atendimento, começa a analisar outras possibilidades para que sua necessidade seja satisfeita. A insatisfação com o produto e o atendimento é que leva o cliente a atitudes negativas em relação à marca.

Não sei se essa camareira foi orientada a fazer isso – isso não importa. O fato é que a atitude dela me tocou e fez que eu reagisse positivamente, realizando a ação desejada. Além disso, passei a ver a marca do hotel e os serviços prestados por ele com enorme simpatia. Já presenciei empresas investirem muito dinheiro em pesquisa e não obterem em retorno o que aquela ação simples conquistou.

Esse é o verdadeiro espírito do atendimento: atenção, carinho, dedicação e respeito! Esses atributos, em conjunto, representam o conceito de humanização no atendimento. Tenho a impressão de que, se os investimentos realizados em tecnologia para que o atendimento melhorasse fossem direcionados para o treinamento visando às práticas humanas, os resultados seriam melhores e de que haveria menos conflitos.

Gostou desse minicaso? Como sugeri nos capítulos anteriores, mande suas opiniões ou situações vivenciadas no seu dia a dia que demonstrem a prática dos conceitos desenvolvidos neste capítulo. Pode encaminhar para meu e--mail: <zenone.luiz@hotmail.com> com o título (assunto) "Casos de Atendimento e Relacionamento".

RESUMO DO CAPÍTULO

Alcançar a excelência no atendimento é o objetivo de muitas organizações, que investem recursos financeiros altos para isso. Nas diversas comunicações com o mercado, algumas empresas colocam em destaque frases como "Nossa empresa se orgulha em ter a excelência no atendimento ao cliente" ou coisa parecida, mas basta realizar uma rápida pesquisa nos órgãos de reclamação e pronto: lá está o nome da empresa! Isso significa dizer que existe uma dicotomia entre o discurso e a prática.

Para atingir a excelência no atendimento, é necessário ter habilidade e competência em se relacionar. O ato de relacionar-se é dinâmico, porque tudo está em movimento o tempo todo. A empresa está constantemente mudando suas estratégias e seus produtos, assim como o consumidor também muda o tempo todo, devido às influências que recebe do ambiente em que está inserido.

Como o mercado tem essa dinâmica, não adianta a empresa ter uma estratégia fixa ou rígida, pois com certeza isso gerará conflitos. Por isso, o alerta inicial foi em relação à necessidade de aprender a observar e de compreender o público com o qual a empresa está se relacionando ou quer se relacionar, e isso se faz com o dia a dia, com paciência, de forma ética e respeitosa.

Algumas empresas transformaram as ações de relacionamento e os programas de fidelidade em obsessão. Querem que o cliente se fidelize à força, praticamente utilizando para isso técnicas de guerrilha para conquistá-lo e mantê-lo. Entretanto, o caminho está totalmente equivocado, pois o cliente busca o contrário, ou seja, quer liberdade de escolha, quer ter livre-arbítrio.

Quando esses princípios são entendidos pela organização, é o momento de pensar em estratégias, tecnologias e processos que, sem dúvida, darão suporte a toda a operação comercial. Nesse aspecto, o mercado está repleto de soluções tecnológicas que podem contribuir para atingir o grau de excelência desejado, mas é importante reforçar que são apenas meios, pois o principal é a humanização que se incorpora a todos esses elementos.

ATIVIDADE SUGERIDA PARA O DESENVOLVIMENTO PESSOAL E PROFISSIONAL

Sugiro, desta vez, um desafio: busque na memória momentos que vivenciou ou em que presenciou conflitos de relacionamento. Tente se lembrar dos motivos que levaram ao conflito e verifique se estava ligado a questões técnicas ou de relacionamento. Registre cada aspecto desse momento em seu caderno de anotações e indique qual seria o melhor caminho a ser adotado pela empresa a fim de evitar situações como a descrita. Essa reflexão, sem dúvida, vai ajudá-lo a definir melhor a estratégia de atendimento de sua empresa. Se você está fazendo um curso ou trabalha em alguma organização, leve o caso até seus professores, chefes, colegas, amigos e ouça a opinião deles sobre o caso, verificando se eles se identificam com a sua opinião.

Esta atividade, assim como as demais que serão propostas nesta obra, não tem como objetivo dizer se sua avaliação é certa ou errada, mas apenas servir de reflexão e de exercício mental para seu desenvolvimento pessoal e profissional. Costumo propor esse tipo de exercício a meus alunos nos cursos que ministro e ele costuma gerar um debate muito gostoso e produtivo.

4
A importância operacional e estratégica da linha de frente ou pontos de contato *(front office)*

O crescimento vertiginoso dos conceitos de *call center* e do *contact center* está sendo possível graças à utilização eficaz das ferramentas do *front office* e sua interface com o marketing, as vendas e com as demais atividades gerenciais, sobretudo da área de logística.

Entendem-se por *front office* ou linha de frente ou pontos de contato (Figura 4.1) todas as ferramentas que permitem o contato da empresa com o mercado (clientes, fornecedores, colaboradores, parceiros, formadores de opinião etc.) e que "facilitam" ou colaboram com o relacionamento. Os sistemas de *front office* são por definição aqueles em que acontece o maior número de contatos com o cliente, em que são registradas as compras, solicitações de informações diversas, ações promocionais de comunicação em marketing, nos quais o cliente pode emitir opiniões, sugestões e reclamações e, também, em que a empresa pode desenvolver diversas ações de marketing, por isso, tem um papel operacional e estratégico fundamental para o atendimento mercadológico.

Neste capítulo, vamos desenvolver o conceito e o papel de algumas dessas ferramentas, como o telemarketing, a internet (incluindo o e-mail e as redes sociais) e a telefonia móvel/celular (*mobile* marketing) (Figura 4.1). Não pretendemos esgotar o assunto, que é dinâmico, já que a todo momento surgem novas ferramentas e tecnologias, embora desempenhem papel semelhante ao das mencionadas anteriormente.

Carta	Fax	Internet
Telefone	Pessoal	E-mail

Imagens: rungrote | iStockphoto

Figura 4.1 Canais de relacionamento com o mercado – *front office*.

4.1 O PAPEL DO *CALL CENTER* (TELEMARKETING)

Andando de mãos dadas com o SAC, o telemarketing é mais uma importante ferramenta do CRM. Telemarketing é qualquer processo de negociação que utiliza como meio de comunicação o telefone e envolve todo o sistema de telefonia para a realização das atividades de marketing e vendas associadas a essa ferramenta. Sempre colocamos as áreas de vendas e marketing como as mais favorecidas pelo uso das ferramentas de *front office*, mas é importante destacar que todas as áreas organizacionais se beneficiam delas, mesmo que indiretamente.

Segundo Churchill (2005, p. 422), o telemarketing possibilita mais contato pessoal que a mala direta ou catálogos, por ser bidirecional e ocorrer em tempo real. Dessa forma, essa ferramenta pode ser útil quando os consumidores têm alguma pergunta a fazer ou necessitam de algum contato com a empresa. Boone (2009, p. 543) relata que o telemarketing fornece aos gestores de marketing e vendas "retorno alto de seus gastos, resposta imediata e oportunidade de conversas bilaterais e personalizadas".

> O esforço de venda via telefone é especialmente atraente para organizações sem condições de manter uma equipe de vendas pessoais. Além disso, sua eficiência permite às organizações fornecer níveis de serviços que em outras circunstâncias seriam muito caros (CHURCHILL, 2005, p. 516).

Desde pequenas lojas até grandes redes sempre utilizaram variadas técnicas para seduzir o cliente. O objetivo era atingir o maior número de pessoas com os melhores resultados.

Antes dessas ferramentas que permitem o contato direto com o mercado, as empresas tinham a mídia de massa para atrair a atenção de seus consumidores. Mas, com o passar dos anos, muita coisa mudou. As mídias de massa passaram a ter custos muito altos sem, no entanto, causar o efeito desejado. Desde então, o telefone passou a ser utilizado por ser uma opção de comunicação dirigida barata.

Desse processo, nasceu o telemarketing, que se transformou em uma das ferramentas para o CRM, abrindo uma opção para que as empresas atingissem nichos de consumidores de forma direta e obtivessem informações mais pertinentes sobre esse grupo e, com isso, reduzissem os custos com a comunicação.

Entretanto, é importante dizer que não apenas as lojas e as grandes redes são usuárias desse tipo de ferramenta – existem diversas ações em todos os segmentos e setores da economia. Outro aspecto fundamental é que nem sempre as operações de telemarketing são baratas, como mencionado. Tudo depende muito do tipo de ação e da qualidade do *mailing* (informações sobre o cliente ou mercado a ser atingido) de que a empresa dispõe.

A comunicação dirigida e seu potencial de relacionamento permitem o acompanhamento e o conhecimento de cada cliente, além de medirem os resultados de cada ação. Trabalhando com operadores treinados e tendo como aliados a informática e os sistemas de telefonia, o telemarketing passou a ser mais rápido, eficiente e preciso. É evidente que estamos considerando que a empresa tenha um *database* eficiente que dê suporte às ações de relacionamento, além de uma estratégia de marketing bem definida e planejada que possa, de fato, garantir a eficiência.

Segundo Boone (2009, p. 544), o telemarketing pode ser classificado de duas formas:

- **Telemarketing ativo (*out bound*):** é o contato feito a partir da empresa para os diversos públicos-alvo de interesse com o objetivo de enviar alguma informação, promover ações de comunicação de marketing diversas, realizar vários tipos de pesquisa ou efetuar uma venda.
- **Telemarketing receptivo (*in bound*):** é o contato feito a partir dos diversos públicos para a empresa (sentido inverso do ativo) com o objetivo de possibilitar que eles busquem informações sobre produtos, serviços, promoções, emitam opiniões, façam reclamações, deem sugestões, entre outras utilidades que levem o consumidor a coparticipar do processo de comercialização.

Portanto, o telemarketing não é somente uma ferramenta de vendas por telefone. Como foi possível observar na descrição do papel ativo e do papel receptivo, é usado também para manter um relacionamento constante com um cliente por meio de contatos periódicos. Além dos recursos de telefonia, para as ações de telemarketing é necessária a utilização do *database* de marketing e de sistemas administrativos com o propósito de apoiar as ações de vendas e marketing (Figura 4.2).

Por isso, costuma-se dizer que o telemarketing é uma ferramenta do marketing direto,[1] em razão de sua interatividade e da personalização possíveis. Uma vantagem em relação ao uso de telemarketing nas ações de marketing é a possibilidade de ações direcionadas a públicos específicos com baixo custo por contato, o que permite mensurar o retorno de cada ação. É importante destacar que muitas organizações, apesar de realizarem ações de telemarketing, não utilizam o conceito de marketing direto. Elas utilizam a ferramenta de telemarketing para ações de comunicação de massa, o que é uma pena, pois acabam prejudicando as demais empresas que a utilizam de forma correta.

> O marketing direto e o atendimento funcionam de maneira muito eficaz: significam vender bem e entregar com rapidez. Interações de pré-venda, como marketing direto e outras formas de propaganda, proporcionam aos clientes em potencial a informação necessária para fazer ou influenciar uma decisão de compra (KALAKOTA, 2002, p. 176).

Figura 4.2 Atividades do telemarketing ativo e do telemarketing receptivo.

---

[1] O marketing direto é um elemento de marketing em que as organizações se relacionam diretamente com os diversos públicos de interesse para gerar uma resposta para determinada ação ou efetivar uma transação. Alguns autores conceituam o marketing direto como sinônimo do marketing de relacionamento e do CRM.

Segundo Reedy (2001, p. 176), nos últimos anos, têm-se expandido, além do uso costumeiro de mala direta, as atividades relacionadas ao marketing direto, "abrangendo propaganda de resposta direta através de televisão, jornais, revistas, telemarketing e da Internet".

As principais atividades realizadas pelo telemarketing, do ponto de vista de atendimento ao cliente, são:

- **SAC:** geralmente, se refere à possibilidade de o cliente solicitar informações, opinar ou até mesmo reclamar. Vem aumentando significativamente ações com o objetivo de fazer o consumidor coparticipar do processo produtivo e comercial da empresa através do serviço de atendimento, ou seja, está mudando de seu papel de receptivo para o de ativo na atividade de atendimento.
- **Serviços de suporte:** responsável pelo suporte ao cliente (*help desk*) e pela realização de alguns serviços que são possíveis através do telefone. Contribuem muito para o processo de decisão de compra do consumidor, pois faz que ele se sinta seguro em adquirir uma marca da qual pode receber apoio técnico e comercial de acordo com suas necessidades.
- **Apoio às vendas:** possibilita agendamento de visitas para o vendedor ou o fornecimento de informações adicionais ao vendedor que facilitam a atividade de venda no momento do contato com o cliente. Nos dias atuais, os consumidores pesquisam mais, analisam detalhadamente sua compra, por isso, se torna fundamental para uma empresa manter esse tipo de apoio às atividades de vendas. Desempenha um papel estratégico na área comercial.
- **Ações de vendas:** atividade de vendas utilizando o telemarketing (ativo) e outras ações promocionais. As possibilidades do telemarketing nesse sentido são enormes, mas deve-se ter muita atenção para não invadir a privacidade do consumidor ou, por falta de um *database* de qualidade, para não perturbar a vida das pessoas com campanhas sem sentido ou demasiadas para aquele público.
- **Outros serviços ligados às atividades de *call center*:** inclui acompanhamento do pós-venda, verificação do grau de satisfação, desenvolvimento de pesquisas, prospecção de clientes, entre outros.

Vale a pena reforçar que é preciso tomar muito cuidado ao desenvolver uma atividade através do telemarketing, seja qual for a ação. Muitas vezes, o telemarketing tem sido visto pelos consumidores e clientes como um intruso (invasão de privacidade), excessivamente agressivo, chato, entre outros – não faltam adjetivos para esse tipo de operação de marketing e vendas.

> Existem problemas de imagem associados ao lixo postal, as chamadas irritantes de telemarketing ou e-mails invasivos (spams); os três são exemplos de mensagens publicitárias não solicitadas (REEDY, 2001, p. 178).

Se, contudo, isso for feito com uma estratégia de marketing e vendas adequada, com profissionais treinados e capacitados de agregar valor ao relacionamento, poderá trazer resultados significativos para o negócio. Nesse aspecto, só vai haver melhora quando as empresas que desejarem desenvolver ações utilizando ferramentas diretas contratarem profissionais especializados no uso de comunicação dirigida e de marketing direto. Nesse caso, o telefonema geralmente é bem-vindo, principalmente se a razão desse telefonema não for apenas vender, mas também levantar necessidades, resolver ou prevenir problemas. É importante deixar claro que não há problema em vender pelo telemarketing; o fato é que geralmente as ações são malfeitas, o que faz o consumidor criar um bloqueio para esse canal de comercialização. Além disso, as vendas pelo telemarketing não trazem nenhuma atratividade para esse canal, não se estuda a característica da utilização do telefone para as vendas ou para o marketing, não se treina de forma adequada o operador que vai viabilizar a ação e, por isso, ele acaba não sendo bem-vindo.

O telemarketing possibilita à empresa comunicar-se periodicamente com os clientes, armazenando dados para posterior utilização. Poucas "armas" de vendas e marketing permitem estabelecer vínculos, fazer pesquisas, medir graus de satisfação e fidelidade e ainda vender – tudo ao mesmo tempo. Tudo isso é possível graças às características dessa ferramenta, que a tornam tão diferenciada em relação às ferramentas tradicionais.

As principais características e vantagens do telemarketing são:

- Umas das características do telemarketing é sua natureza pessoal e interativa, ideal para a exposição e a venda de um produto por vez:
    - **Flexibilidade:** não há limites para determinada mensagem e, quando os telefonemas de resposta a determinado script começam a chegar, existe a possibilidade de revisão imediata caso os resultados não sejam satisfatórios. Vamos deixar claro que, para que haja uma revisão imediata, a capacitação do profissional e as

informações disponíveis para ele sobre o perfil do consumidor são obrigatórias.
- **Otimização:** o telemarketing permite incrementar uma operação com produtos ou serviços adicionais em um único diálogo de vendas.
- **Resposta imediata:** uma grande vantagem em relação à mala direta é o fato de ser bidirecional, permitindo que haja um diálogo na ação comercial. Essa vantagem não apenas o diferencia de uma ação de mala direta, mas também em relação à comunicação em massa utilizada até o momento, que não permite a interferência do consumidor no processo de compra.
- **Aglutinador:** funciona como complemento às ações de venda pessoal, promoção de vendas e marketing de relacionamento.
- **Foco:** restringe condições especiais de preço e/ou conteúdo, possibilitando vantagens competitivas em face da economia de recursos de comissões, logística etc.
- **Abrangência:** atinge um número maior de *prospects* em relação à venda pessoal.

Se de um lado as características do telemarketing sugerem algumas vantagens, do outro, a operação pode trazer também algumas desvantagens e riscos, como:

- **Custo:** pelo fato de, muitas vezes, ser ainda mais caro que a mala direta, precisa ser muito bem planejado e executado. Claro que aqui estamos levando em conta que a ação de mala direta é a mais simples, mas existem também ações com custos bem altos, dependendo da utilização que se faz.
- **Visualização:** sua incapacidade de mostrar imagens é um dos motivos que o fazem funcionar melhor quando trabalhado como suporte para outros veículos que possam ilustrar os produtos.
- **Intruso:** em algumas situações, invade a privacidade do cliente, não sendo bem visto por isso.
- **Frequência:** oferecer o mesmo produto ou serviço, a pequenos intervalos, torna-se um complicador e pode dar a impressão de desorganização.

É importante que as empresas que utilizam ou pretendem utilizar essa ferramenta do marketing percebam que sua imagem ou o sucesso das ações de marketing está na voz de quem fala por ela e na estratégia a ela associada. Por isso, as pessoas que entram em contato com o mercado-alvo por telefone devem estar plenamente capacitadas e treinadas para estabelecer o relacionamento, assim como para realizar as ações devidamente planejadas.

Além disso, muitas empresas terceirizam as ações de telemarketing (empresas contratadas de *call center* que atuam somente na ativação ou na recepção de campanhas de telemarketing) e não controlam adequadamente a operacionalização das ações e campanhas desenvolvidas pelos terceirizados. Outro aspecto é o fato de enviarem informações limitadas, duplicadas ou desatualizadas para esses terceirizados, o que causa um transtorno enorme na operação e "mancha" a imagem do produto e da marca que estão sendo veiculados.

Alguns dias atrás recebi, no mesmo dia, quatro ligações da mesma empresa, mas notadamente vindas de empresas terceirizadas diferentes. Identifiquei isso logo de início, pelos diferentes sotaques utilizados pelos operadores. Vendiam o mesmo produto e propunham a mesma oferta, mas de formas completamente distintas. Um deles foi mais agressivo na tentativa de me convencer; outro não hesitou em desligar imediatamente, sem se despedir, assim que informei que não tinha interesse; um terceiro não deixou em nenhum momento que eu falasse nada, tagarelou o tempo todo sem que entendesse boa parte do que eu dizia; no último atendimento, a operadora ria – eu conseguia ouvir ao fundo algumas risadas, como se estivesse havendo uma festa ali. Em todas essas ativações, minha resposta foi a mesma: eu já tinha o produto! Pensa que parou por aí? Claro que não! Eu seria um homem feliz se a ativações se restringissem àquele dia! Fui contemplado por verdadeiros bombardeios de telefonemas a semana toda. Em todas elas, demonstrei minha chateação pelo que estava acontecendo e, evidentemente, nada mudou. Dias depois, cancelei o serviço com a empresa, pois não me sentia mais atraído por aquela marca.

Outro aspecto importante é que, atualmente, o consumidor utiliza telefones móveis (celulares) e, muitas vezes, não dispõe de linha fixa. Esses aparelhos já vêm com aplicativos que identificam chamadas de telemarketing para fins comerciais e bloqueiam imediatamente a ação a pedido do usuário. Ou, assim que o usuário atende, indica que se trata de uma ação comercial sem autorização (*spam*), permitindo o bloqueio do número em ações futuras. Recentemente, observei minha lista de bloqueio e dela já constam 77 números!

Mas as empresas são espertas – ou pelo menos acha que são! – e vêm mudando constantemente os números para tentar driblar os bloqueios. É uma corrida sem fim instigada pela ignorância das empresas, que preferem não usar a ferramenta da forma correta. Isso só irrita mais o consumidor, pois, por ser um telefone móvel, a possibilidade de uma ação em momento indesejado aumenta. Algum tempo atrás, eu estava de férias e acabei atendendo sem querer a uma dessas ligações – costumo não atender a chamadas não identificadas, mas, como estava em outro Estado, paguei o custo de *roaming*, processo responsável por transferir o usuário de telefonia móvel de uma rede para outra que, dependendo do pacote da operadora, acaba sendo cobrado.

Ou seja, apesar das possibilidades do telemarketing, ele deve ser usado com muita moderação e profissionalismo. Os conceitos desenvolvidos nos capítulos anteriores sobre marketing de relacionamento e CRM estão alinhados com a proposta de utilizar o telemarketing de forma adequada para atingir os objetivos mercadológicos e servir de diferencial competitivo.

4.2 O PAPEL DA INTERNET (WEB)

Marketing e vendas provavelmente são as áreas que mais utilizam a internet (WEB), uma vez que características como a interatividade, a liberdade e o fornecimento de variados espaços de comunicação e de comercialização são muito úteis na solução de problemas do mundo real. Isso porque a internet traz valor agregado, pois facilita a vida das pessoas, possibilitando a elas acessar as empresas sem sair de casa, no trabalho, nas ruas e, em alguns poucos minutos, realizar tarefas que demandariam muitas horas para ser realizadas, além de muito desgaste físico e, às vezes, emocional, sem falar nos custos adicionais.

> A Internet ganhou a consideração de mercado comercial e de negócios principalmente através dos serviços chamados "WWW – *World Wide Web*" – que, por se apoiarem em recursos de fácil uso por parte até mesmo do usuário leigo, ganharam a apreciação do mercado, tornando-se peça importante de contato entre pessoas e empresas de naturezas diversas e com os mais diversos propósitos (GONÇALVES; JAMIL; TAVARES, 2002, p. 69).

Ainda segundo Gonçalves, Jamil e Tavares (2002), entre outros serviços que os usuários podem obter com a internet, há a possibilidade de conectar o computador a centros de computação de maior porte e formar grupos de discussão sobre temas de interesses variados no mundo inteiro; comunicar-se com grupos de usuários acerca de eventos de qualquer natureza; conversar (*on-line*) com grupos de usuários de qualquer parte do mundo a respeito de determinado tema; acessar informações de determinada empresa, realizar transações comerciais etc.

A internet é uma mídia diferente das outras, porque possibilita a comunicação simultânea e de duas vias entre várias pessoas, enquanto a conversa por telefone é caracterizada pela comunicação de duas vias entre duas ou poucas pessoas. A TV e outros meios de difusão alcançam milhares de espectadores, mas a transmissão tem apenas uma via (pelo menos até o momento): o transmissor "fala" e os receptores "escutam". Com a rede mundial de computadores, grupos podem conversar usando aplicativos como murais de mensagem, listas de discussão ou salas de *chat* (SPYER, 2007, p. 21).

Como se pode notar, não se trata de uma simples rede. A internet pode ser considerada também uma mídia, ponto de venda, produto e/ou serviço que estabelece os relacionamentos entre os usuários e uma forma de concentrar as infinitas informações contidas nesse espaço. Com base nesse princípio, podemos dizer que o marketing aplicado à internet é uma atividade mercadológica que tem como objetivos atender e satisfazer à necessidade do indivíduo e da sociedade utilizando como meio facilitador a WEB.

Atualmente, milhões de pessoas de todas as classes sociais, regiões, culturas, religiões, entre outras características socioeconômicas e políticas, utilizam a internet diariamente (algumas, a todo momento), através de computadores, *smartphones* e *tablets*. As ferramentas que a internet disponibiliza para fins comerciais são diversas: redes sociais, blogs, compartilhamento de vídeos e fotos, salas de bate-papo e murais, listas de discussão, *wikis* (suítes que qualquer um pode editar ou atualizar, como a Wikipédia), *bookmarking* social (permite que usuários sugiram conteúdos e outros votem no que é interessante), entre outras aplicações móveis.

Cada ferramenta que surge no meio digital, em um primeiro momento, não tem finalidade comercial, mas logo começa a ser incorporada na comunicação empresarial como atividade comercial. Afinal, onde há pessoas há consumidores ávidos por ter novas experiências de compras. Muitas dessas ferramentas se adaptaram bem no trabalho de relacionamento e atendimento ao mercado, sendo preferidas por grande parte dos consumidores.

Redes sociais, como Facebook, Twitter e LinkedIn, vêm sendo muito usadas para funções de atendimento ao cliente, comunicação empresarial e promoções de marketing. Atingem comunidades, grupo de amigos com interesses comuns e fomentam ações de marketing viral (uma espécie de comunicação boca a boca na internet).

Os blogs, que são sites pessoais escritos por especialistas ou apaixonados por determinado assunto, logo favorecem a formação de formadores de opinião. Eles são muito utilizados pelas empresas, devido ao poder que seus proprietários exercem junto aos fãs (há pessoas que seguem o blog de determinada pessoa e acabam adotando os padrões de consumo e de comportamento propostos).

As salas de bate-papo, além de servirem de ponto de encontro *on-line* entre as pessoas, algumas vezes funcionam como SAC das empresas e até mesmo para oferta de promoções específicas, entre outras ações.

O compartilhamento de vídeos e fotos, como ocorre no YouTube, no Facebook e no Twitter, que também já incorporaram essas funções, vem sendo muito utilizado para promover palestras, vídeos institucionais, ensinar a utilizar produtos, além de servirem para denunciar práticas comerciais antiéticas.

Até agora foram apresentadas algumas ferramentas e possibilidades, mas há muitas outras – quando se trata da utilização da internet, "o céu é o limite". Mas, assim como alertamos ao conceituarmos telemarketing, o sucesso comercial das ações de vendas, de marketing, de logística ou de outro tipo depende de elas serem realizadas com muito cuidado, por profissionais que de fato conheçam o assunto e estejam revestidos de uma grande moral.

Não são poucos os casos de denúncia de invasão de privacidade, informações falsas (*fakes*[2]), entre outros absurdos trazidos pelo meio eletrônico. Isso, entretanto, não é culpa dessas ferramentas, apenas reflete um comportamento social que independe do meio. Essas ferramentas são uma realidade e, com o devido cuidado, os resultados gerados por elas podem ser bem agradáveis para quem sabe utilizá-las. Os conceitos desenvolvidos nos capítulos anteriores, se aplicados a esses recursos, podem se transformar em excelentes instrumentos de gestão do relacionamento com o cliente. Por isso, cresce a cada dia o conceito de e-CRM, que é a união das estratégias de marketing de relacionamento, fidelização de clientes e pós-venda aplicados à internet.

4.2.1 A comunicação na internet

Como já foi possível perceber, a internet possibilita uma série de oportunidades de comunicação entre as pessoas, mas com características e formas diferentes da

---

[2] *Fakes* é um termo em inglês que significa "falso" ou "falsificações". Muitos internautas criam perfis falsos para divulgar informações mentirosas e promover boatos que possam prejudicar ou beneficiar alguma empresa ou pessoa.

comunicação tradicional feita pelas mídias de massa ou da comunicação física (realizada pessoalmente).

Uma das características mais marcantes em relação à utilização da internet como ferramenta de comunicação é ela poder ser realizada sem que a pessoa se identifique, ou seja, no anonimato. A pessoa utiliza o monitor, o teclado e o *mouse* para comunicar-se com o servidor na rede e o sistema do usuário. Muitas vezes, a comunicação acontece somente na base da troca de informações e não se sabe quem criou o website usado para a comunicação, quem é o usuário ou quem é a pessoa com a qual se estabelece o contato. Esse cenário vem sendo alterado aos poucos por pressão dos internautas (usuários da internet) e pelos avanços dos sistemas de rastreamento. Particularmente, considero um risco esse tipo de característica, porque acaba virando "terra de ninguém", onde as questões sociais se agravam e, consequentemente, impactam nas atividades comerciais. Outro fator importante é que, diferentemente de outros veículos de comunicação unilateral, como o rádio e a televisão, a internet possibilita a comunicação bilateral (receptor e transmissor). Logicamente, as mensagens não atingem o receptor com a velocidade da comunicação direta ao vivo, mas conseguem estabelecer a comunicação bilateral para que os participantes troquem informações.

A internet trouxe grandes possibilidades, desde o recurso ao multimídia (texto, imagem, vídeo, música, som), passando pela interatividade (o usuário, no caso o internauta, tem uma atitude ativa) de procura de conhecimento, ao contrário de outros meios de comunicação, como a TV, o rádio e o jornal. Há também que se destacar que, quando se trata da utilização da internet pelos aplicativos de celular, a mensagem atinge o receptor em tempo real.

Além disso, a comunicação realiza-se em um ambiente onde não existem barreiras de tempo e espaço. As informações contidas no website podem ser acessadas por qualquer pessoa em qualquer parte do mundo a qualquer hora, a menos que tenham sido alteradas ou excluídas. Ou seja, cria-se um espaço onde não há limitações, principalmente em relação a quem acessa as informações nele contidas. As possibilidades e benefícios que a internet oferece acabam tornando-se um ótimo recurso para o processo de comunicação em marketing. Também é possível coletar sugestões e dicas de consumidores ou formadores de opinião para melhorias no desenvolvimento do produto ou serviço, por meio do SAC, que estão disponíveis nos websites da empresa e, assim, estabelecer a comunicação bilateral.

Propagandas, publicidade e promoções já são ações comerciais utilizadas há um bom tempo pelos sites, redes sociais, blogs, entre outras ferramentas. Cada vez mais criativas, as ações de comunicação ganham mais espaço a cada dia, sendo cada vez mais integradas à comunicação tradicional das empresas.

Um ponto importante a discutir é que, no início, as empresas pareciam fazer comunicações diferenciadas para os meios de massa e os meios digitais ou eletrônicos (internet). Esse descuido gerou grandes ruídos na comunicação e prejudicou diversas estratégias mercadológicas. Atualmente, as empresas tratam essas comunicações de forma integrada, desenvolvendo campanhas nas quais o real e o virtual atuam de forma harmoniosa, cada qual dentro de suas possibilidades e potencialidades.

Com o avanço do comércio eletrônico (*e-commerce*), outras ferramentas de comunicação também tiveram que se adaptar a esse canal, como é o caso do *merchandising*. Nem todas as ações de *merchandising* realizadas nos pontos de venda físicos funcionam ou se adaptam bem no comércio eletrônico. Por isso, foi necessário fazer uma adaptação a esse meio e uma sinergia com o meio físico para as empresas que atuam nos dois canais (físicos e na WEB).

Ações promocionais de produtos, serviços, marcas e até institucionais costumam ter efeitos rápidos, com a vantagem de ser possível segmentar as ações e, sobretudo, medir sua efetividade em tempo real.

Contudo, é fundamental que o gestor ou profissional responsável pelas ações de comunicação tenha conhecimentos sólidos em comunicação em marketing e WEB. Quem não conhecer as áreas de propaganda, publicidade, promoção, *merchandising* e comunicação dirigida, mesmo sendo *expert* na era digital, não vai aproveitar o potencial da ferramenta ou vai cometer erros graves em relação às ações mercadológicas na internet. E o inverso também é verdadeiro: ser *expert* em comunicação e não entender de ferramentas digitais também resultará nos mesmos obstáculos.

4.2.2 O uso do e-mail para as ações de marketing e atendimento

O e-mail pode ser usado para oferecer informações de interesse do consumidor, que, por sua vez, poderá exigir as informações de que precisa. Trata-se de outra ferramenta com características bilaterais. Segundo Reedy (2001), o e-mail foi desenvolvido para facilitar a comunicação entre as pessoas, e entre elas e as empresas através da internet.

> Desde que surgiu o *e-mail*, no início da década de 70, usuários do mundo inteiro vêm experimentando a comodidade do envio de correspondências diversas através do correio eletrônico, o que jamais se poderia imaginar há três décadas, época em que o correio tradicional, que já foi de uso exclusivo da elite, era essencial para o envio de correspondências. Da década de 70 até os dias de hoje, o espaço cibernético vem evoluindo significativamente. Hoje, "conversamos" através do computador. Podemos enviar, por exemplo, *e-mails*, que chegarão ao nosso destinatário em segundos. Se o nosso interlocutor não estiver *online*, terá a mensagem arquivada em sua caixa postal para uma leitura posterior (CRUZ, 2006, p. 1).

Mesmo sendo uma ferramenta muito utilizada como forma de comunicação e relacionamento, porém, o e-mail apresenta algumas limitações e exige alguns cuidados. Conforme Cruz (2006, p. 2), através do e-mail o indivíduo ou a empresa pode direcionar uma mensagem com muita rapidez, "porém tais mensagens podem ser extraviadas, assim como pode ocorrer no correio tradicional". Além disso, existe a possibilidade de o próprio receptor da mensagem não abrir ou deletar a informação.

Ainda segundo Cruz (2006, p. 2), "também estamos expostos a receber anúncios ou mensagens indesejadas, chamadas de SPAM, em nossa caixa postal".

> O envio de mensagens indesejadas, inadequadas e não solicitadas para o endereço eletrônico de um usuário denomina-se *spamming*. Mais do que um simples *junk mail*[3] da Internet, o *spam* é repudiado por todos os consumidores e provedores que precisam aguardar uma maré crescente de mensagens que causa lentidão nos servidores, problemas técnicos em computadores, dissemina vírus e esgota a paciência de qualquer um que tente fazer o *download* de sua correspondência eletrônica profissional numa segunda-feira de manhã (BRUNER, 2001, p. 166).

Outro ponto destacado por Cruz (2006, p. 2) é que, ao utilizarmos o e-mail para enviar uma mensagem, devemos ficar atentos ao que escrevemos, ou seja, ao conteúdo da mensagem. A linguagem, muitas vezes informal e rápida, pode

---

[3] *Junk mail* são mensagens via correio eletrônico inconvenientes; na maioria das vezes, não interessam ao recebedor, não têm a ver com o perfil e não foram autorizadas.

levar a mal-entendidos, já que a velocidade possibilita uma sensação de proximidade, mas não nos dá o contexto que a situação de fala oferece.

Do ponto de vista de marketing, essa ferramenta possibilita uma série de ações por parte das empresas. Além de o custo da comunicação ser baixo, o que se torna um atrativo, é uma ferramenta flexível, pois por meio dela podemos enviar vários tipos de arquivos como anexos (fotos, textos, áudios, vídeos etc.), escrever mensagens informativas e até mesmo persuasivas, entre outras coisas.

Para atingir os objetivos desejados pelos profissionais de marketing na comunicação por e-mail, porém, são necessárias algumas precauções:

- Evitar o envio de mensagens indesejáveis ou inconvenientes: não é porque o custo é baixo que a empresa deverá enviá-las para todo e qualquer usuário da internet. A mensagem deve ser selecionada (personalizada), "autorizada", ou seja, o usuário deve manifestar o desejo de receber algum tipo de informação, e útil.
- A ação desenvolvida através do e-mail deve estar coerente com as demais estratégias de marketing da empresa: deve-se entender que o e-mail é mais uma possibilidade de contato e de relacionamento com o cliente, portanto, não é a única forma. Por isso, é necessário que as ações desenvolvidas estejam alinhadas com as demais formas de contato, evitando assim ruídos que possam prejudicar a imagem da empresa.
- A empresa deve-se assegurar de que o cliente tenha a possibilidade de bloquear o envio de mensagens: é a famosa sequência, *opt in, opt out* (adesão ou remoção), garantindo proteção do usuário contra o *spam*. O receptor de uma mensagem indesejada ou inconveniente deve ter a possibilidade de solicitar o cancelamento de novos envios.
- Deve ser desenvolvida uma estratégia criativa e adequada à característica e ao formato desse meio eletrônico: o consumidor quer ser surpreendido, receber comunicações criativas que o levem a interessar-se pela leitura ou a ficar atento à informação que está sendo transmitida. Muitas empresas ainda enviam informações do tipo "carta", sem nenhuma criatividade, ou não trazem nada de novo em relação aos formatos tradicionais de comunicação.

Como se pode perceber, o e-mail deve fazer parte de um conjunto de ações de marketing de relacionamento e, portanto, devem ter como suporte o *database*, possibilitando enviar a mensagem adequada da forma eficiente para a pessoa certa (Figura 4.3).

Figura 4.3 O e-mail como ferramenta de marketing e como apoio ao atendimento.

A resposta ou o acesso à informação através do e-mail é praticamente instantânea, já que o usuário (internauta) pode receber a mensagem de diversas formas: pelo computador pessoal, pelo *notebook*, pelo *tablet*, pelo celular etc.

Do ponto de vista da gestão de atendimento ao cliente, o e-mail transformou-se em um importante aliado. A empresa pode encaminhar a confirmação e o *status* atual de um pedido; completar alguma informação necessária para o processo de tomada de decisão de compra; apresentar novos serviços; chamar a atenção sobre determinado evento; despertar o interesse sobre determinado produto; confirmar uma visita; enviar o catálogo de produtos ou a lista de preços, entre muitas outras ações. Além disso, o próprio cliente pode encaminhar ao atendimento sua solicitação de pedido, pedir alguma informação adicional que julgar necessária, fazer alguma sugestão, crítica ou até mesmo uma reclamação.

A comunicação bilateral que o e-mail sugere possibilita o diálogo da empresa com o cliente (ou outro público de interesse da empresa), o que facilita a identificação de seu perfil, características e comportamento, permitindo desenvolver uma estratégia de comunicação de acordo com o perfil traçado e, mais ainda, obter o resultado desse trabalho quase em tempo real.

Até o momento, essas características do e-mail superaram o que é possível fazer através de uma mídia tradicional (de massa), que é conscientizar o público sobre determinado produto ou marca. O e-mail, assim como as demais ferramentas da internet, permitem realizar um importante papel, que é ajudar o cliente a decidir qual produto ou serviço adquirir, estabelecendo uma relação entre ele e a empresa mesmo após a venda (ações de pós-venda).

Segundo o site E-commerceOrg,[4] o e-mail marketing é uma ferramenta com grande potencial para o empreendedor na geração de tráfego e, principalmente, para o relacionamento com os clientes. As principais razões podem ser observadas no Quadro 4.1.

Quadro 4.1 Principais razões da utilização do e-mail marketing.

> **Agilidade:** o e-mail é uma ferramenta ágil tanto no envio quanto na resposta e avaliação do retorno. Um simples clique na tecla "send" do *software* dispara o envio de milhares de e-mails que, em segundos, estão na caixa postal do destinatário. A resposta ao e-mail marketing normalmente é imediata através da ação desejada ou simplesmente da confirmação de recebimento.
>
> **Mensurabilidade:** é muito fácil medir o retorno do e-mail marketing. As estatísticas de seu site vão lhe indicar: quantas pessoas receberam, quantas clicaram em um *link*, visitaram o site, compraram; quantas não desejam mais receber sua comunicação e solicitam a exclusão da lista, e diversas outras informações.
>
> **Interatividade:** um simples *link* no e-mail possibilita ao destinatário realizar uma ação como retornar uma resposta, visitar um site ou solicitar a sua exclusão da lista.
>
> **Alta taxa de resposta:** campanhas de e-mail marketing sérias, com comunicação enviada para destinatários que autorizaram o recebimento (*opt in*) têm altíssimos índices de retorno.

Fonte: <http://www.e-commerce.org.br/e-mail_marketing.php>. Acesso em: 31 maio 2017.

Apesar de todas essas vantagens, porém, o uso do e-mail como ferramenta de marketing e de relacionamento ainda tem algumas limitações:

- Uma delas é que nem todos os públicos de interesse da empresa estão conectados ou têm uma conta de e-mail. Essa limitação é evidente e vem sendo diminuída com muita rapidez, já que devido ao barateamento dos computadores, *notebooks*, *tablets* e *smartphones* e a uma cobertura maior de redes, aumentou sensivelmente o número de usuários com e-mail e contas na internet.
- As empresas ainda não contam com *databases* estruturados nem com informações completas sobre o perfil e as características do

---

[4] Informações extraídas do site E-commerceOrg, disponível em: <http://www.e-commerce.org.br/e-mail_marketing.php>. Acesso em: 31 maio 2017.

público-alvo. Além disso, a maioria não tem informações sobre a autorização do usuário para utilizar esse tipo de recurso.

- Faltam pessoas capacitadas para gerenciar esse tipo de ferramenta e controles mais rígidos sobre os efeitos da comunicação ou ação desenvolvida.

Apesar da proliferação do *spam* (e-mails comerciais enviados sem a autorização do receptor) e de suas limitações e necessidades especiais em relação às demais ferramentas de marketing, o e-mail marketing bem-feito, sem dúvida, é um dos melhores meios de se divulgar um negócio. Se o conceito parece fácil, vale ressaltar que muitas vezes a dificuldade está em localizar essas listas qualificadas com o perfil adequado ao negócio da empresa e ao foco das ações estratégicas de marketing.

O que geralmente se recomenda é que a empresa crie seu próprio *database* com informações atualizadas e a devida permissão do público-alvo em relação a possíveis campanhas que utilizam essa ferramenta.

Outra maneira de realizar uma campanha de e-mail marketing é através da utilização de listas de endereços eletrônicos baseadas na permissão para vender ou alugar as informações a partir de ofertas controladas e direcionadas (BRUNER, 2001, p. 172). Ou seja, a empresa adquire uma lista de e-mail preparada e desenvolvida por uma empresa especializada, segmentada a partir de sua necessidade, mas deve ter sua emissão controlada.

> Esses serviços podem representar veículos de aquisição razoáveis para os profissionais de marketing, com índices de conversão de campanha na ordem da resposta a campanhas de mala direta de 1% a 2% (BRUNER, 2001, p. 171).

Apesar de interessante, a compra de listas deve ser analisada com muito cuidado. A empresa deve investigar se os fornecedores dessas listas realmente solicitaram a permissão dos clientes para o desenvolvimento desse tipo de campanha. Além disso, devem verificar a qualidade dessa lista em relação a sua atualização e segmentação. A partir daí, é só preparar a "oferta"!

4.2.3 O relacionamento através das redes sociais virtuais

Nos últimos anos, temos acompanhado um crescimento no número de relacionamentos através das redes sociais, devido à popularização da internet como ferramenta de busca de informações, divulgação de ideias, interação entre as pessoas, comunicação empresarial etc.

> Comunidades Virtuais, Sociedade em Rede, Tribos Urbanas – o surgimento e a popularização dessas e outras expressões atestam para o reconhecimento das rápidas e profundas alterações nas formas como nos relacionamos uns com os outros que estão em curso (RECUERO, 2009, p. 11).

Segundo Recuero (2009), é uma comunicação entre pessoas, mediada pelo computador, que possibilita a troca de informações que têm um impacto direto na sociedade. Ainda segundo a autora, para que exista uma rede social na internet, são necessárias a existência de "atores"[5] (pessoas, instituições ou grupos) e uma conexão entre eles (facilitada através da utilização da internet).

A internet não deve, portanto, ser vista apenas como uma rede de computadores, mas também como uma comunidade virtual em que os usuários trocam opiniões sobre assuntos diversos. Dessa forma, é possível descobrir nela negócios lucrativos para serem implantados nessas comunidades ou até usá-la como fonte de informação e comunicação com os diversos públicos da empresa.

Rheingold (2003), um dos primeiros autores a utilizar efetivamente a expressão "comunidade virtual" para os grupos humanos que travavam e mantinham relações sociais no ciberespaço definiu-a assim:

> As comunidades virtuais são agregados sociais que surgem da Rede [Internet], quando uma quantidade suficiente de gente leva adiante essas discussões públicas durante um tempo suficiente, com suficientes sentimentos humanos, para formar redes de relações pessoais no espaço cibernético [ciberespaço]
>
> [...]
>
> As chamadas comunidades virtuais ou redes sociais virtuais permitem o relacionamento através do agrupamento de diversas pessoas que compartilham de mesmos interesses e ideias, formando um grupo similar à segmentação de mercado, que não tem como princípios divisão tradicional, como a classe social, região, idade ou outra forma, mas sim, afinidade e interesse. Uma rede social

---

[5] Os "atores" são as pessoas envolvidas na rede e que na internet agem através dos blogs, fotoblogs, páginas pessoais e outros sites de relacionamento (Twitter, Orkut etc.).

tradicional pode ser desenvolvida através de um clube, grupo de amigos que se reúnem em determinado local, a própria família etc. (RHEINGOLD, 2003, p. 288).

> A possibilidade de interação e relacionamento se torna ainda maior através das redes sociais na internet (ou comunidades virtuais), pois ela permite a "conexão" entre um grande número de pessoas ao mesmo tempo, a qualquer horário e localizadas em diversas regiões.

Essas redes tendem a despertar o interesse pelas empresas pela possibilidade de pesquisa, comunicação e, algumas vezes, pela própria venda. No início, o interesse maior era por questões sociais, o que resultou na formação de redes de solidariedade em relação a determinada causa. Com o passar do tempo, contudo, foram criadas redes sobre diversos assuntos, o que levou as empresas comerciais a perceberem o potencial dessa ferramenta para o negócio.

Segundo Recuero (2009), as redes sociais na internet expressam um conjunto de relacionamentos já existentes e vão manter um espaço contínuo de conexão para os atores sociais (Figura 4.4). Dentro dessa perspectiva, ainda segundo a autora, essas redes vão se constituir em espaços de trocas e interação, e é esse o primeiro uso dessas ferramentas: conectar pessoas.

Através das redes sociais, o usuário expressa e recebe de outros usuários opiniões, sentimentos, ideias, atitudes e comportamentos, sendo mais um importante fator de influência no comportamento do consumidor. Toda e qualquer informação é compartilhada pelo grupo, sendo um bom exercício para a democracia.

Atualmente, são diversas as redes disponíveis que tratam de assuntos ligados ao entretenimento ou lazer, ou de outro tipo de diversão, temas profissionais que possibilitam o *networking*, temas de pesquisa ou do conhecimento humano ou social.

Assim como acontece nas redes sociais tradicionais, em que cada integrante, pelo grau de amizade ou conhecimento com outra pessoa, troca diversas informações sobre suas características, perfil e interesses, através da internet a abrangência dessas trocas é bem maior. Por exemplo, um usuário pode trocar informações (fotos, vídeos, imagens, textos, documentos, áudios etc.) com outros usuários sobre seu interesse por determinada música, livro, esporte ou qualquer outro assunto, manifestando até mesmo seu descontentamento com alguma marca ou produto. Tudo isso fica registrado e disponível para todos os usuários, que podem estar em qualquer lugar e a qualquer hora.

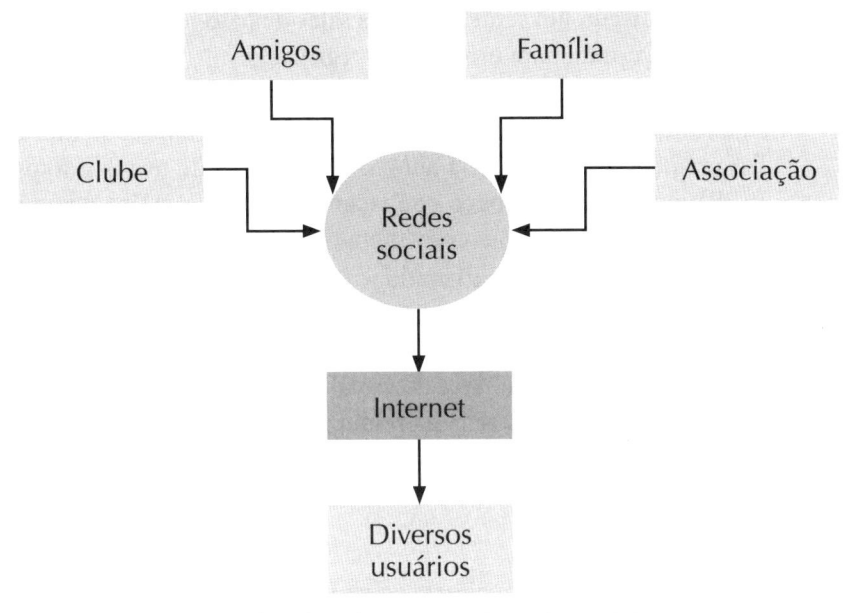

A importância operacional e estratégica da linha de frente ou pontos de contato (front office) 131

Figura 4.4 A internet ampliando a abrangência das redes sociais.

Um aspecto importante é que, ao disponibilizar uma informação em sua rede social, os participantes começam a fazer parte de outras redes e, portanto, acabam levando boa parte das informações e disponibilizando-as em outros ambientes, transformando-os em um "boca a boca" virtual (marketing viral) que atinge um grande número de pessoas.

Algumas redes sociais atingem milhares de usuários, que acessam constantemente seu conteúdo e compartilham diversas informações (Figura 4.5). Entre algumas redes sociais que tiveram um grande aumento no número de usuários ou "seguidores", podemos destacar: Facebook, Twitter, LinkedIn, YouTube, Instagram, blogs e fotologs, *wikis*,[6] fóruns, entre outras comunidades. Vejamos, a seguir, alguns exemplos de comunidades virtuais:

- **Wikis:** permitem que os usuários (internautas) compartilhem livremente a autoria de determinado conteúdo. A Wikipédia (www.wikipedia.com), enciclopédia virtual livre em que as pessoas podem contribuir para a criação e definição dos verbetes, é um dos exemplos mais notórios.

---

[6] *Wikis* é um termo utilizado para identificar um tipo específico de coleção de documentos que pode ser acessado e compartilhado livremente.

- **Listas de discussão:** semelhantes às salas de bate-papo, enviam mensagens por e-mail para um coletivo registrado.
- **Blogs e fotologs:** estes websites, que têm como características textos simples e curtos, permitem que pessoas desenvolvam conteúdo com ferramentas que facilitam a autoria (publicação de textos e fotos na WEB) mesmo tendo pouco conhecimento técnico. Além disso, permitem que outras pessoas comentem o conteúdo publicado.
- **YouTube:** vem se popularizando a utilização de vídeos e áudios na internet, sobretudo para ações comerciais. Algumas empresas especializadas nesse tipo de publicação conseguem captar o interesse do internauta e atingir milhares de visualizações. Além disso, ao assistir ao vídeo ou áudio, o internauta poderá se relacionar com a pessoa ou empresa que o publicou, através de texto ou simplesmente curtindo ou compartilhando o material com outros grupos (pessoas) com os quais se relaciona.

Além de ser uma ferramenta que traz diversos valores para os usuários (internautas), como a possibilidade de conhecer novas pessoas ao redor do mundo e participar de discussões sobre temas de interesse, também gera diversas oportunidades para as empresas. Entre as principais possibilidades oferecidas pelas redes sociais virtuais, temos:

- Identificar problemas no relacionamento entre a empresa e os diversos públicos de interesse: através das redes virtuais, a empresa pode verificar o grau de satisfação de um cliente em relação ao produto ou a marca ou possíveis problemas que podem prejudicar o relacionamento, ou seja, pode-se transformar em uma fonte importante de *feedback* do mercado de atuação.
- Conhecer de forma mais adequada o comportamento de consumidor e o perfil de consumo (processo de decisão de compra). Segundo Cipriani (2006, p. 114), além de monitorar notícias que podem causar impacto na empresa, é aconselhável estar atento a tendências de consumo para buscar novas oportunidades ou identificar ameaças.
- Reforçar a imagem da empresa ou da marca e complementar as ações de comunicação desenvolvidas a partir das demais ferramentas de comunicação tradicional.
- Melhorar o atendimento ao cliente através de um relacionamento mais próximo e direto com os clientes. As redes sociais virtuais podem complementar o atendimento ao cliente, servindo de apoio ou estratégia de relacionamento. Segundo Telles (2007, p. 57), "comentários

espontâneos de consumidores em comunidades estão se tornando uma opção do consumidor, em vez do uso de canais tradicionais como e-mail e telefone".

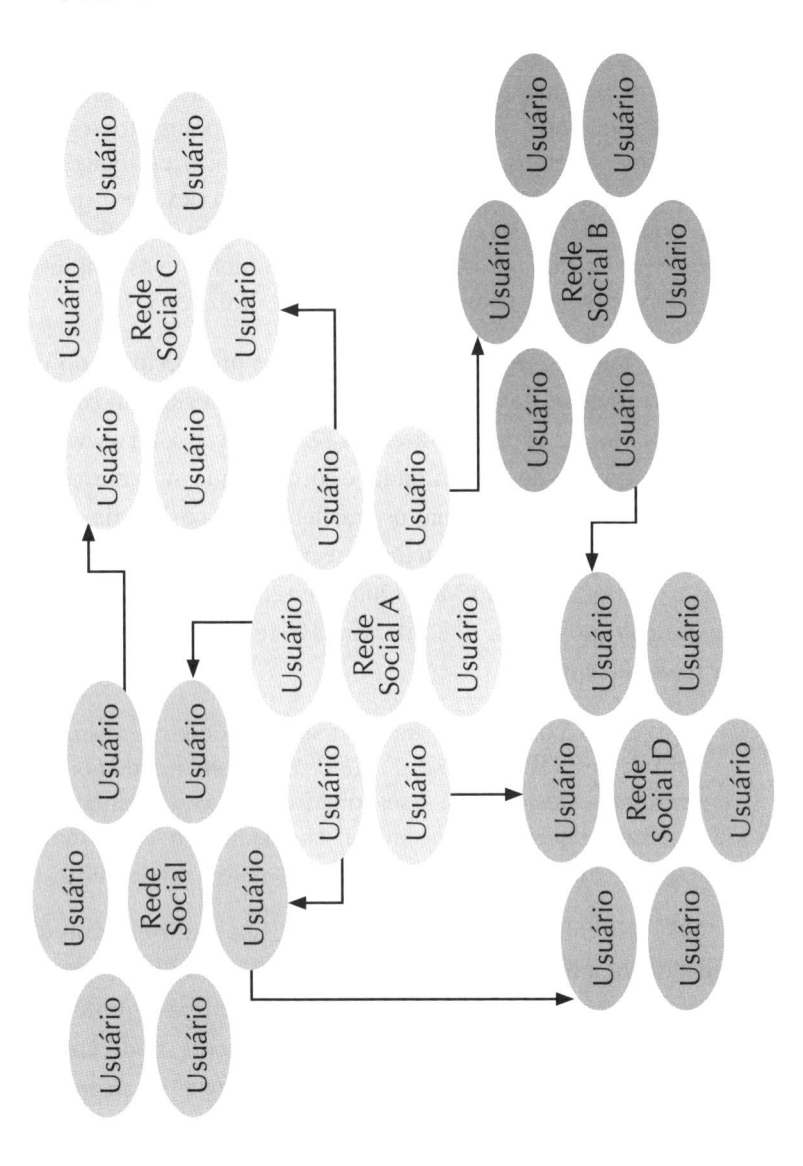

Figura 4.5 Inter-relacionamento dos usuários nas diversas redes sociais.

Os clientes de determinada empresa estão sempre procurando obter mais informações sobre produtos e serviços na página virtual das companhias ou informações disponíveis em determinada comunidade virtual: "[...] principalmente querem opinar, elogiar ou reclamar sobre a qualidade dos produtos ou atendimento da sua empresa" (CIPRIANI, 2006, p. 16).

> Casos de consumidores mobilizados em comunidades contra produtos ou empresas que não lhes derem ouvidos serão cada vez mais comuns. Pelo crescimento dos depoimentos espontâneos *online*, teremos os primeiros casos de crises de imagem geradas por esses consumidores. As empresas vão descobrir que ouvir os consumidores será cada vez mais útil. Agora eles têm o poder, no Orkut,[7] para falar com outros consumidores, e as empresas terão de se preparar para ouvi-los (TELLES, 2007, p. 57).

Segundo Cipriani (2006, p. 26), a internet vem proporcionando um conjunto de novas ferramentas para colocarmos em prática a vida em comunidade. O desejo de se comunicar explica a razão de ser do Facebook (www.facebook.com.br), página de criação de comunidades e contatos que mais cresceu no Brasil. Cipriani lembra que não são apenas os brasileiros que gostam de criar comunidades. Cada país busca um grupo ou *link* que mais se identifica com seu perfil, caracteristicas e cultura. Segundo Meir (2007, p. 128-134), o consumidor não é o mesmo de poucos anos atrás, que interiorizava toda e qualquer informação recebida por meio da televisão:

> Hoje ele é um agente transformador, produtor e distribuidor de mídia, tem *blogs, fotologs, videoblogs*, participa de comunidades virtuais e responde a questionários virtuais de empresas. É um consumidor gerador de mídia, chamado por "consumidor 2.0", que interage e é extremamente participativo (MEIR, 2007, p. 129).

Meir (2007) vislumbra, então, uma oportunidade histórica para os profissionais de relacionamento ou atendimento das organizações interagirem estrategicamente com esse consumidor. Ainda segundo o autor, se os profissionais do SAC das empresas lidarem com esses assuntos diariamente, poderão descobrir novas tendências que estão surgindo e que podem impactar no negócio. Ainda segundo o autor, "a análise de todas as manifestações permitirá às empresas um

---

[7] O Orkut, citado por Telles (2007), não existe atualmente, pois o aparecimento de outras redes sociais, como Facebook, Twitter, entre outras, por trazer atrativos e recursos adicionais, fez com que os administradores dessa ferramenta decidissem descontinuar a operação. Como se trata de uma citação e o conceito aplicado pelo autor ainda é válido para outras redes, decidi manter.

balanço diário do saldo dos comentários a seu respeito sobre a sua imagem" (MEIR, 2007, p. 129). Esse balanço terá impacto no próprio valor de mercado e nos atributos intangíveis da marca, e as empresas mais progressivas adquirirão os *databases* com os principais influenciadores de mercado.

> Para uma empresa, a existência de uma rede social significa uma oportunidade de estar mais próxima de seus clientes ou de potenciais clientes. É também o espaço ideal para saber o que as pessoas pensam sobre seu produto, marca, sobre ela ou desenvolver campanhas de marketing.

Para que a empresa utilize as redes sociais dentro das estratégias de marketing, porém, é necessário um planejamento, assim como acontece com as demais ferramentas utilizadas nas ações dessa área. O desenvolvimento de campanhas através de uma rede social (já existente ou criada pela própria empresa), por exemplo, necessita de análise adequada do público "internauta" ou usuário, chamar a atenção através de uma comunicação criativa, despertar o interesse através de um mecanismo de interação inteligente e desafiador, além de levar a uma ação pretendida pela empresa. É necessário, principalmente, que a campanha tenha uma equipe preparada para garantir o relacionamento adequado aos objetivos da empresa e ao interesse do público-alvo.

Um exemplo não tão recente, mas ainda interessante de se estudar, é o da utilização desse recurso de comunicação pela empresa AmBev. Através de uma campanha em um site criado para fãs de música eletrônica (http://www.skolbeats.com.br/), a empresa reuniu em determinada época 1,5 milhão de pessoas cadastradas em um único site. Nesse site, o internauta interagia com a empresa, combinando detalhes da Skol Beats,[8] escolhendo os DJs da festa e até opinando sobre a decoração do lugar. Além do site oficial da empresa, na época, mais de 300 comunidades foram abertas pelos usuários/seguidores no Orkut com o tema Skol Beats (que virou sinônimo de música eletrônica), o que demonstra a força da propagação desse tipo de ferramenta.

Podemos mencionar uma série de exemplos de campanhas bem-sucedidas desenvolvidas por empresas na atualidade, utilizando ferramentas como blogs corporativos, Facebook, Twitter, entre outras, que tiveram como resultado

---

[8] Informações extraídas do site Skol Beats. Disponível em: <http://www.skolbeats.com.br/>. Acesso em: 31 maio 2017.

a conquista de novos clientes (ou a manutenção dos clientes existentes), vendas, lucros e melhoria na imagem institucional ou reforço para a marca. Obviamente, muitas ações não deram o resultado esperado. Uma estratégia desenvolvida sem os devidos planejamento e análise é o suficiente para trazer consequências indesejáveis a curto, médio e longo prazos.

A empresa precisa entender que disponibilizar um conteúdo na internet ou iniciar um relacionamento em um canal de conversação com seus diversos públicos de interesse tem suas responsabilidades e desafios. Pode-se receber tanto *feedback* positivo quanto negativo sobre o produto, marca, empresa ou até mesmo sobre o atendimento realizado.

Outro caso não tão recente, mas interessante de se recordar por seu caráter didático e conceitual, é o da empresa BestShopTV.com[9] demonstrando os riscos das redes sociais. Uma mensagem através do Twitter, destinada a seus seguidores, informou que a empresa estaria vendendo uma TV de LCD a um preço muito convidativo (10% do valor do produto), informação confirmada pela equipe de atendimento e que levou muitas pessoas a tentar comprar o produto nas primeiras horas do dia, sem saber que apenas 2 (duas) unidades do aparelho estariam disponíveis por esse preço. Além de o site não suportar a quantidade de acessos e tentativas, os consumidores, ao saberem da limitação da possibilidade de compra, ficaram indignados com a situação. Com essa estratégia, a empresa perdeu muito mais que seguidores: perdeu consumidores, perdeu prestígio, perdeu confiança e perdeu credibilidade. Alguns seguidores chegaram a criar blogs com o título "Eu odeio a BestShopTV.com", atraindo imediatamente uma série de seguidores contra a marca. Ainda hoje, muitas empresas correm esse risco e sofrem com esse tipo de marketing negativo.

As redes sociais têm, portanto, um enorme poder de formação de opinião e podem ajudar a construir ou a destruir uma marca, um produto ou uma campanha de comunicação (Figura 4.6). Podem também contribuir para o atendimento ao cliente, melhorando o relacionamento com ele, ou simplesmente agravar a relação.

---

[9] BestShopTV.com foi um programa de televisão exibido pela TV Gazeta que estreou em 2006 e apresentava ofertas de uma loja virtual que vendia eletrônicos, eletrodomésticos e outros produtos variados e as vendidas eram concretizadas por telefone e pela internet.

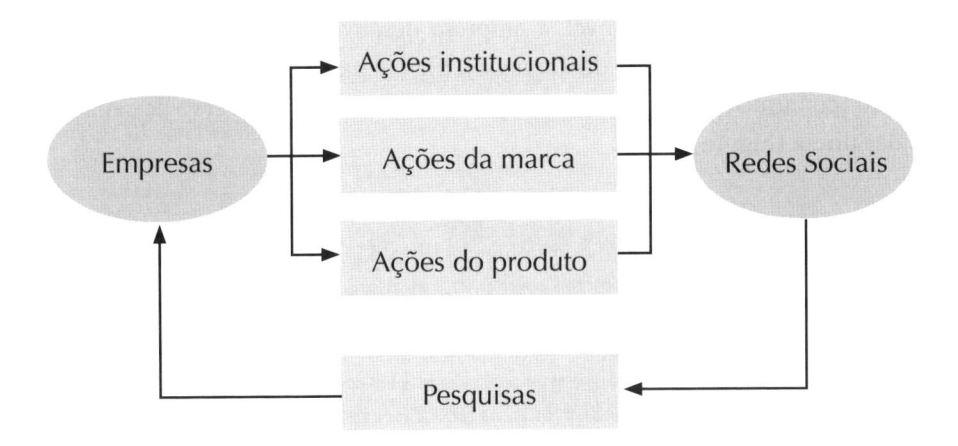

Figura 4.6 Potencial das redes sociais para ações de marketing.

Como já mencionamos, o custo efetivo de uma campanha através de uma rede social pode ser muito baixo, dependendo do grau de sofisticação e da abrangência que se pretende. Além disso, essa atividade também mostra o lado humano das empresas, tornando-as mais amigáveis aos consumidores.

4.3 *Mobile* marketing ou marketing móvel

Com o crescimento da utilização da telefonia móvel (celulares) pelos consumidores, vem aumentando também o interesse das empresas por esse canal de comunicação interativo e personalizado. O celular deixou de ser um artigo de luxo e passou a fazer parte do dia a dia de milhões de pessoas por todo o país.

> O que há poucos anos poderia parecer ficção científica, hoje é realidade. Um celular nos permite: videoconferências, assim como controle e visualização de câmera de vídeo remota; navegar na Internet em alta velocidade; recepção e envio de *e-mails* com arquivos anexados; gravação, edição, armazenamento de fotos e vídeos, além de poder enviá-los para um computador ou outro dispositivo; *download* de jogos, assim como jogar com outras pessoas via Bluetooth, Wi-Fi ou Internet; sincronização de agenda, contatos e notas com seu PC; sistema de navegação GPS; fazer *downloads*, armazenar e ouvir músicas em mp3; leitura e edição de documentos do Word, Excel e PowerPoint; compra de um refrigerante, que será cobrado na conta do celular (ROMÁN; GONZÁLEZ-MESONES; MARINAS, 2007).

Através da telefonia móvel, a empresa desenvolve ações direcionadas a públicos específicos (a partir do *database*). Ela faz parte da estratégia de comunicação (comunicação dirigida), dá suporte ao atendimento e serve de canal de vendas direta (Figura 4.7).

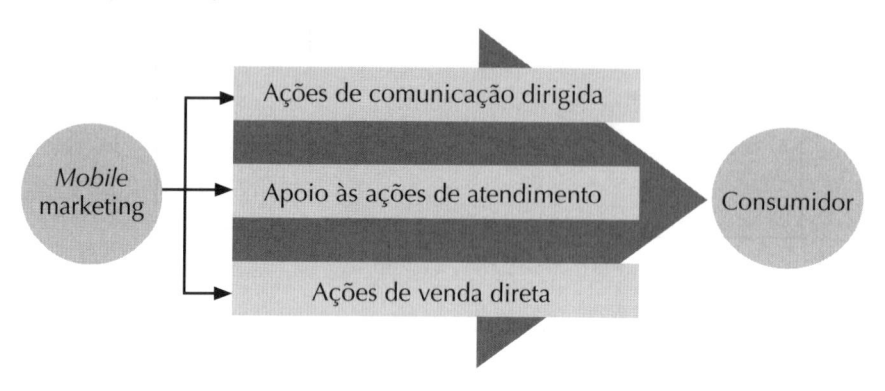

Figura 4.7 Ações de marketing através da telefonia móvel (celular).

Às ações de marketing realizadas a partir da utilização da telefonia móvel dá-se o nome de *mobile* marketing ou marketing móvel, que é uma versão moderna do marketing direto. É possível, a partir do *mobile* marketing, enviar ações de texto, imagem ou vídeo apresentando um produto ou serviço, reforçar uma marca, desenvolver ações promocionais, responder a um pedido de informação, agendar uma visita, entre outras ações de vendas e marketing. Os formatos utilizados para as ações de marketing geralmente mais utilizados são: *Short Message Service* (SMS), *Multimedia Messaging Service* (MMS) e *Bluetooth*, sem contar o uso de aplicativos diversos.

- **SMS:** permite o envio de mensagens de texto de um celular para outro, podendo ser usado de várias maneiras, até mesmo para acessar os diversos serviços oferecidos pelas empresas.
- **MMS:** além do recurso de texto, através do MMS é possível enviar imagens e vídeos.
- **Bluetooth:** permite uma comunicação rápida, barata e segura entre diversos dispositivos, incluindo a telefonia móvel. Através dessa tecnologia, é possível trocar informações entre tais dispositivos sem se conectar à internet ou utilizar provedores, bastando uma combinação de *hardware* e *software*.

A vantagem do *mobile* marketing em relação às outras mídias (TV, rádio, jornal, revista etc.) é o fato de ser uma ferramenta interativa, direta e poder utilizar diversos recursos de áudio e vídeo, além de texto. Por ser uma ferramenta nova, tem atualmente um alto índice de leitura e um custo relativamente baixo. É claro que, para aumentar a eficiência e a eficácia da utilização dessa ferramenta como canal de comunicação, é necessário utilizar uma base de clientes adequada, devidamente atualizada, segmentada e selecionada.

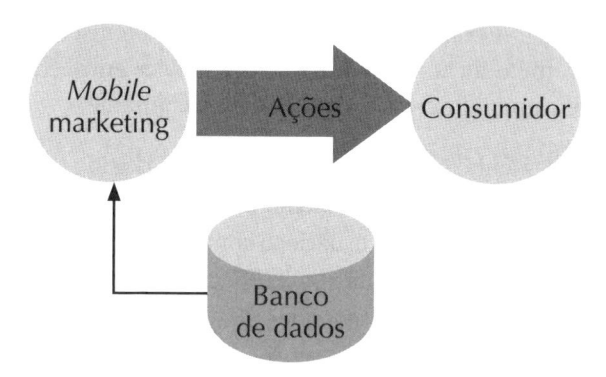

Figura 4.8 Ações de marketing a partir do *mobile* marketing em conjunto com o *database* de clientes.

A telefonia móvel (celular), além de ser uma mídia personalizada, acompanha o consumidor em todos os momentos e situações (lazer, trabalho e outras atividades diárias), daí a efetividade desse tipo de recurso. A Mobile Marketing Association (MMA) criou um código de conduta que apresenta algumas diretrizes do *mobile* marketing:[10]

1. **Escolha e consentimento:** o consumidor, o cliente e/ou qualquer usuário de telefonia móvel tem a possibilidade de escolher se quer receber algum tipo de comunicação no seu telefone celular e que tipo de conteúdo lhe interessa.
2. **Controle das ações desenvolvidas:** a empresa deve manter-se atenta ao planejamento e execução das campanhas de marketing utilizando-se a telefonia móvel (*mobile* marketing), as técnicas de envio de mensagens para celulares e a medição dos resultados das campanhas.

---

[10] Dados extraídos e adaptados do site da MMA, documento Código Global de Conduta. Disponível em: <http://www.mmaglobal.com/files/codeofconductportuguese.pdf >. Acesso em: 31 maio 2017.

3. **Personalização e customização:** diferente das ações de comunicação em massa, através do *mobile* marketing as ações são personalizadas, diretas e os conteúdos adequados ao público-alvo, ou seja, que realmente interessem.
4. **Restrição e confidencialidade:** esse tipo de marketing não pode ser caracterizado como *spam*, ou seja, de envio de inúmeras mensagens para todos os usuários possíveis sem nenhum critério ou autorização, o que prejudicaria seu sucesso tanto quanto foi prejudicado o e-mail marketing. A confidencialidade diz respeito à discrição proporcionada pelo método, ao conteúdo que permanece entre emissor e receptor e deste a quem interessar divulgar, indiretamente.

O que é fundamental em uma ação de *mobile* marketing é respeitar o código de ética, que, em resumo, trata de três elementos básicos: a permissão de sua utilização por parte do consumidor ou usuário; o conteúdo direcionado ao público específico; e a interatividade a partir da possibilidade de uma comunicação bilateral.

Na atualidade, a "febre" são os aplicativos desenvolvidos especificamente para os dispositivos móveis. Pode-se encontrar aplicativos de todos os tipos, para todos os gostos e públicos, desde aplicativos de bancos, de lojas, órgãos públicos até de redes sociais que facilitam a conexão. Esse aplicativo tem como principal vantagem trazer o internauta para o ambiente da empresa, com o que é possível desenvolver ações de comercialização e de comunicação.

O assunto é tão fascinante e profundo que necessitaria de uma obra específica para o tema "redes sociais virtuais e sua utilização para o marketing", assim como para o *mobile* marketing. Como o intuito foi demonstrar sua aplicabilidade para as atividades de marketing de relacionamento e para as ações de atendimento, evidentemente se restringiu a um conceito dentro da proposta desta obra.

ESTUDO DE CASO – TELECONFUSÃO: CUIDADO COM O QUE E PARA QUEM SE OFERECE!

Algum tempo atrás, recebi uma ligação de uma central de vendas diretas de uma operadora de TV por assinatura oferecendo uma promoção especial para novos assinantes.

A operadora de telemarketing, não sei se da própria empresa de TV por assinatura ou de uma empresa terceirizada por ela para o desenvolvimento dessa atividade promocional, utilizava todas as argumentações definidas no *script*,[11] demonstrando somente vantagens. Para provocar uma ação imediata, ela utilizou um recurso muito empregado em ações promocionais, que é fazer o consumidor ter o sentimento de estar perdendo uma grande oportunidade caso não aceite a proposta, o famoso "É por tempo limitado, em razão de ser uma promoção especial para a região e para você".

A promoção oferecia um pacote de canais a um preço convidativo. O único problema na estratégia é que eu já era assinante daquela mesma operadora de TV por assinatura há mais ou menos 8 anos. Ouvi, calmamente, todas as explicações e, no final, perguntei: "E para quem já tem?". A atendente, com voz decepcionada, respondeu que a promoção era somente para novos assinantes.

Um detalhe: a oferta que ela propôs era melhor do que a que eu tinha na ocasião, tanto em relação ao preço como na quantidade de canais oferecidos. Perguntei, então, como deveria proceder para aproveitar a oportunidade que ela estava me oferecendo.

Para minha enorme surpresa, a operadora de telemarketing me recomendou que eu ligasse para outro número, responsável para quem já era cliente, e fizesse o cancelamento da assinatura atual para que, posteriormente, pudesse adquirir uma nova. Absurdo, não é? Mas foi exatamente o que fiz. Agora estou feliz em razão de estar pagando menos e com um número maior de opções de canais!

Esse caso demonstra a falta de um *database* integrado às estratégias entre o pré-venda e o pós-venda. Uma pequena informação de que eu já era assinante seria suficiente para evitar aquela ação inadequada do ponto de vista de marketing. O pior de tudo é que esse tipo de prática é comum no mercado e prejudica a imagem das empresas, além de causar prejuízos financeiros.

Quanta bobagem em um pequeno caso, não é mesmo? Primeiro, deve-se tomar muito cuidado ao oferecer vantagens superiores a novos clientes e prejudicar os que já fazem parte da carteira. Evidentemente, mesmo que eu não soubesse dessa diferença através da operadora de telemarketing, eu acabaria sabendo de outra forma e meu sentimento de "traição" seria o mesmo.

Outra questão: mesmo eu sendo cliente da empresa há tantos anos, ela não foi capaz de me identificar, ou seja, de saber que eu fazia parte da carteira,

---

[11] *Script* é um texto muito utilizado em ações de telemarketing que contém um conjunto de informações escritas a serem seguidas por empresas que desenvolvem ações de marketing direto. Essas informações têm como objetivo padronizar a informação e evitar uma interferência do operador de telemarketing na comercialização do produto que possa fugir aos objetivos da empresa.

e me oferecer um produto como se ainda não o fosse. O sentimento é de que a empresa não se importa nada com o cliente!

Só vou destacar mais um ponto que considero grave – aliás, gravíssimo: o fato de a operadora ter sugerido um cancelamento em vez de tentar me conceder as mesmas vantagens oferecidas aos novos assinantes. Não estou falando que a culpa é da operadora de telemarketing, longe disso; a culpa é da empresa, que não planejou adequadamente a ação e não levou em conta que tal fato poderia acontecer e como conduzir o caso, se acontecesse.

Gostou desse minicaso? Como sugeri em cada capítulo, mande suas opiniões ou situações vivenciadas no seu dia a dia que demonstrem a prática dos conceitos desenvolvidos neste capítulo. Pode encaminhar para meu e-mail: <zenone.luiz@hotmail.com> com o título (assunto) "Casos de Atendimento e Relacionamento".

RESUMO DO CAPÍTULO

Neste último capítulo, desenvolvemos os conceitos de *front office* (pontos de contato ou linha de frente) a partir de uma visão operacional e estratégica, ressaltando que tanto as ações de atendimento como as estratégias de relacionamento se beneficiam a partir da utilização profissional dessas ferramentas.

Apesar das vantagens que se apresentam, ainda existem muitas empresas que não planejam adequadamente as ações e, em vez de benefícios, acabam acumulando problemas no relacionamento com o cliente.

O uso profissional das ferramentas do *front office* requer, além de planejamento, um *database* atualizado, higienizado e com informações adequadas à estratégia desejada. Além disso, é necessário todo um aparato operacional com as áreas organizacionais envolvidas para viabilizar as ações, ou seja, deve haver uma ligação entre o *front office* e o *back office*, áreas organizacionais que devem dar suporte à operação comercial de uma empresa.

Independentemente da dificuldade que se possa apresentar, as ferramentas do *front office* trouxeram um novo dinamismo para a comunicação em marketing e para as atividades de atendimento. As ações de comunicação em massa devem atuar em conjunto com as atividades de comunicação dirigida, aumentando a eficiência e a eficácia das estratégias de marketing e evitando ruídos. Além disso, o ponto de venda físico deve atuar em sinergia com o comércio eletrônico (*e-commerce*) de forma a ampliar a cobertura de mercado, apresentar valores adicionais aos que já eram oferecidos e cuidar para que não haja conflitos entre os canais da comercialização.

Em relação às ferramentas disponíveis, atualmente o profissional de marketing e vendas, entre outras áreas, tem acesso a um grande conjunto de opções. Neste capítulo, tratamos das vantagens e desvantagens da utilização do telemarketing como ferramenta de relacionamento. Depois, falamos de outras ferramentas interessantíssimas: o e-mail, as redes sociais e o *mobile* marketing.

Cada uma dessas ferramentas, assim como o telemarketing, pode trazer benefícios tanto para as empresas como para os consumidores, desde que utilizados da forma correta. Os aplicativos de celular, devido à popularização dos *smartphones*, assim como das redes sociais virtuais, vêm recebendo os maiores investimentos das empresas, pelo fato de terem caído no gosto dos consumidores graças às vantagens oferecidas e à criatividade das estratégias utilizadas nesses recursos.

Tenho certeza de que esta obra e o desenvolvimento das atividades sugeridas ao final de cada capítulo, além, é claro, da leitura dos livros indicados na Bibliografia, possibilitaram a você, leitor, ter mais conhecimento sobre essa área.

ATIVIDADE SUGERIDA PARA O DESENVOLVIMENTO PESSOAL E PROFISSIONAL

O objetivo da atividade sugerida neste capítulo é possibilitar uma reflexão sobre a prática dos conceitos desenvolvidos e procurar incorporar a experiência profissional e pessoal. O tema central do texto para reflexão é "Redes sociais virtuais: uma ferramenta obrigatória para o marketing moderno". A partir desse tema, desenvolva um texto com base em seu entendimento a partir da leitura do capítulo. Procure colocar em suas anotações pessoais os principais conceitos, ideias e, se possível, exemplos pessoais ou de seu conhecimento que possam ilustrar sua visão sobre o assunto. Acesse o site de algumas empresas de sua preferência e verifique como elas se comportam com relação a seus produtos, serviços ou marcas.

Mais uma vez, é importante dizer que esta atividade, assim como as demais que serão propostas nesta obra, não tem como objetivo dizer se sua avaliação é certa ou errada, mas apenas servir de reflexão e de exercício mental para seu desenvolvimento pessoal e profissional. Costumo propor esse tipo de exercício a meus alunos nos cursos que ministro com resultados muito interessantes.

Bibliografia

ALECRIM, Emerson. *Tecnologia VoIP.* 2/4/2005. Disponível em: <http://www.infowester.com/voip.php>. Acesso em: 22 jan. 2009.

BAKER, Michael J. *Administração de marketing.* Rio de Janeiro: Elsevier, 2005.

BARROS, Claudius D' Artagnan Cunha. *Excelência em serviço*: uma questão de sobrevivência. 2. ed. Rio de Janeiro: Qualitymark, 1999.

BOONE, Luis E. *Marketing contemporâneo.* São Paulo: Cengage Learning, 2009.

BORBA, Valdir R.; CAMPOS, Juarez Q. *O marketing de relacionamento no campo da saúde*: o desafio da década. São Paulo: Jotacê, 2003.

BRETZKE, Miriam. *Marketing de relacionamento e competição em tempo real com CRM (Customer Relationship Management).* São Paulo: Atlas, 2000.

BROWN, Stanley A. *CRM – Customer Relationship Management.* São Paulo: Makron Books, 2001.

BRUNER, Rick E. *Marketing online.* São Paulo: Futura, 2001.

CAMPOMAR, Marcos Cortez. *O planejamento de marketing e a confecção de planos*: dos conceitos a um novo modelo. São Paulo: Saraiva, 2006.

CARDOSO, Mário Sérgio. *CRM em ambiente e-business*: como se relacionar com clientes, aplicando novos recursos da Web. São Paulo: Atlas, 2001.

CHURCHILL, Gilbert A. *Marketing*: criando valor para o cliente. São Paulo: Saraiva, 2005.

CIPRIANI, Fábio. *Blog corporativo*: aprenda como melhorar o relacionamento com seus clientes e fortalecer a imagem de sua empresa. São Paulo: Novatec, 2006.

COBRA, Marcos. *Administração de marketing no Brasil.* 3. ed. Rio de Janeiro: Elsevier, 2009.

CORRÊA, Roberto. *Comunicação integrada de marketing*: uma visão global. São Paulo: Saraiva, 2006.

CRUZ, Glenda Demes. O. E-mail e sua produção no meio eletrônico: o suporte afeta o gênero? *Revista Letra Magna*, ano 3, nº 5, 2º semestre de 2006. Disponível em: <http://www.letramagna.com/email.pdf>. Acesso em: 15 out. 2009.

DAVENPORT, Thomas H. *Missão crítica*: obtendo vantagem competitiva com os sistemas de gestão empresarial. Porto Alegre: Bookman, 2002.

DEMO, Gisela. *Marketing de Relacionamento (CRM)*: estado da arte e estudo de casos. São Paulo: Atlas, 2008.

DREYFUS, Cassio. Entrevista. *Revista Consumidor Moderno*, ano 6, nº 41, p. 62, Editora Padrão, dez. 2000.

GIGLIO, Ernesto. *O comportamento do consumidor*. São Paulo: Pioneira Thomson Learning, 2002.

GONÇALVES, Carlos A.; JAMIL, George L.; TAVARES, Wolmer R. *Marketing de relacionamento database marketing*: uma estratégia para adaptação em mercados competitivos. Rio de Janeiro: Axcel Books, 2002.

GORDON, Ian. *Marketing de relacionamento*. São Paulo: Futura, 1998.

GUMMESSON, Evert. *Marketing de relacionamento total*: gerenciamento de marketing, estratégias de relacionamento e abordagem de CRM para economias de rede. Porto Alegre: Bookman, 2005.

HOOLEY, Graham J.; SAUNDERS, John A.; PIERCY, Nigel F. *Estratégia de marketing e posicionamento competitivo*. São Paulo: Prentice Hall, 2001.

KALAKOTA, Ravi. *E-business*: estratégias para alcançar o sucesso no mundo digital. Porto Alegre: Bookman, 2002.

KOBS, Jim. *Do marketing direto ao database marketing*. São Paulo: Makron Books, 1993.

KOTLER, Philip; KELLER, Kevin Lane. *Administração de marketing*. 12. ed. São Paulo: Pearson, 2006.

_____; KELLER, Kevin L. *Administração de marketing*. Tradução: Mônica Rosenberg, Cláudia Freire, Brasil Ramos Fernandes; revisão técnica Dílson Gabriel dos Santos. 12. ed. São Paulo: Pearson Prentice Hall, 2006.

LAMB, Charles W. *Princípios de marketing*. São Paulo: Pioneira Thomson Learning, 2004.

_____. *Administração de marketing*: conceitos, planejamento e aplicações à realidade brasileira. São Paulo: Atlas, 2006.

LEVITT, Theodore. *A imaginação de marketing*. São Paulo: Atlas, 1985.

LEWIS, David; BRIDGER, Darren. *A alma do consumidor*. São Paulo: Makron Books do Brasil, 2004.

LOPES FILHO, Luciano Saboia. *Marketing de vantagem competitiva*. São Paulo: Saraiva, 2006.

MACDONALD, Malcolm. *Planos de marketing*: planejamento e gestão estratégica: como criar e implementar. Rio de Janeiro: Elsevier, 2004.

MADRUGA, Roberto. *Gestão moderna de call center e telemarketing*. 2. ed. São Paulo: Atlas, 2009.

MALHOTRA, Naresh K. et al. *Introdução à pesquisa de marketing*. São Paulo: Prentice Hall, 2005.

MEIR, Roberto. Consumidor 2.0: o cliente como gerador de mídia. *Revista Consumidor Moderno*, São Paulo, nº 114, maio 2007.

MELO, P. L. de R. Estratégia e processo de gestão em call centers próprios e terceirizados no Brasil. 2007. Dissertação (Mestrado) – Pontifícia Universidade Católica de São Paulo, São Paulo.

MEZOMO, João Catarin. *Gestão da qualidade na saúde*: princípios básicos. São Paulo: Manole, 2001.

PEPPERS, Don; ROGERS, Martha. *CRM séries marketing 1 a 1*: um guia executivo para entender e implantar estratégias de customer relationship management. São Paulo: Pepper and Roger Group Brasil, 2000.

_____. *CRM series* – call center 1 to 1. São Paulo: Makron Books, 2001.

RANGAN, V. Kasturi. *Transformando sua estratégia de ingresso no mercado*: as três disciplinas de gestão de canais. Porto Alegre: Bookman, 2008.

RECUERO, Raquel. *Redes sociais na Internet*. Porto Alegre: Sulina, 2009.

REEDY, Joel. *Marketing eletrônico*: a integração de recursos eletrônicos ao processo de marketing. Porto Alegre: Bookman, 2001.

RHEINGOLD, Howard. *Smart mobs*: the next social revolution. Cambridge: Basic Books, 2003.

ROMÁN, Fernando; GONZÁLEZ-MESONES, Fernando; MARINAS, Ignacio. *Mobile marketing*: a revolução multimídia. São Paulo: Pioneira Thompson, 2007.

SAMARA, Beatriz dos Santos. *Comportamento do consumidor*: conceitos e casos. São Paulo: Prentice Hall, 2005.

SPYER, Juliano. *Conectado*: o que a Internet fez com você e o que você pode fazer com ela. Rio de Janeiro: Zahar, 2007.

STEVENSON, William J. *Administração das operações de produção*. 6. ed. Rio de Janeiro: LTC, 2001.

STONE, Merlin. *CRM – marketing de relacionamento com os clientes*. São Paulo: Futura, 2001.

____; WOODCOCK, Neil. *Marketing de relacionamento*. São Paulo: Littera Mundi, 1998.

TELLES, André. *Orkut.com*: como você e sua empresa podem tirar proveito do maior *site* de relacionamento do Brasil. São Paulo: Landscape, 2007.

VAVRA, Terry G. *Marketing de relacionamento (aftermarketing)*. São Paulo: Atlas, 1993.

WING, Michael J. *Como falar com seus clientes*. Rio de Janeiro: Campus, 1998.

Índice Remissivo

Análise do potencial de compra do cliente, 11
Atendimento a clientes, 17, 18

blogs, 132
Bluetooth, 138

call center, 19, 90, 95
clientes eventuais, 41
clientes preferenciais, 41
clientes regulares, 41
comportamento de compra do cliente, 11
composto de marketing, 59
Comunicação Integrada de Marketing, 29
concorrência, 2
contact center, 19, 96
CRM, 46, 70, 71
CRM analítico, 79
CRM colaborativo, 79
CRM operacional, 79
Customer Relationship Management, 6

database, 33, 59
Data warehousing, 76

e-mail, 123
ERP, 43
ética, 35, 36

fidelidade, 3, 16
fidelização, 7, 14
fotologs, 132
front office, 111

geomarketing, 27
gestão de atendimento, 13
gestão do atendimento, 33

internet, 31, 119

lealdade do cliente, 11

marketing de pós-venda, 44
marketing de relacionamento, 6, 7, 56, 57
marketing direto, 30, 114
MMS, 138
Mobile marketing, 138

ombudsman, 106
Orkut, 134

Parcerias estratégicas, 28
pesquisa de administração de marketing, 97
pesquisa de mercado, 32
pesquisa de oportunidades de vendas, 97
planejamento estratégico, 43

potencial de atendimento, 15
potencial de compra, 15
processo organizacional orientado para o mercado, 5
processos organizacionais, 38
programas de fidelização, 72
programas de prospecção, 74
programas promocionais ou vendas, 74
prospects, 3

qualidade, 48, 49
qualidade do relacionamento, 49

redes sociais virtuais, 128
relacionamento empresa-canais de distribuição, 67
relacionamento empresa-cliente, 67
relacionamento fornecedor-cliente--concorrente, 67
relacionamento interno, 67

satisfação do cliente, 11
satisfação do consumidor, 17
SCM, 43
Serviço de Atendimento ao Cliente, 90
SMS, 138

telemarketing, 112
telemarketing ativo, 113
telemarketing receptivo, 113

URA, 99

Venda pessoal, 30
VoIP, 99

WEB, 76
wikis, 131

ROTAPLAN
GRÁFICA E EDITORA LTDA

Rua Álvaro Seixas, 165
Engenho Novo - Rio de Janeiro
Tels.: (21) 2201-2089 / 8898
E-mail: rotaplanrio@gmail.com

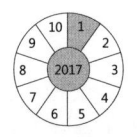